ANTONIO MACEO GRAJALES
EL TITÁN DE BRONCE

COLECCIÓN CUBA Y SUS JUECES

EDICIONES UNIVERSAL, Miami, Florida, 1998

JOSÉ MÁRMOL

ANTONIO MACEO GRAJALES
EL TITÁN DE BRONCE

Copyright © 1998 by José Mármol

Primera edición, 1998

EDICIONES UNIVERSAL
P.O. Box 450353 (Shenandoah Station)
Miami, FL 33245-0353. USA
Tel: (305) 642-3234   Fax: (305) 642-7978
e-mail: ediciones@kampung.net
http://www.ediciones.com

Library of Congress Catalog Card No.: 98-87309
I.S.B.N.: 0-89729-880-2

Diseño de la cubierta:
Foto del autor en la cubierta posterior:

Todos los derechos
son reservados. Ninguna parte de
este libro puede ser reproducida o transmitida
en ninguna forma o por ningún medio electrónico o mecánico,
incluyendo fotocopiadoras, grabadoras o sistemas computarizados,
sin el permiso por escrito del autor, excepto en el caso de
breves citas incorporadas en artículos críticos o en
revistas. Para obtener información diríjase a
Ediciones Universal.

ÍNDICE

DEDICATORIA 7

PRÓLOGO 9

LA RAZÓN DE ESTA BIOGRAFÍA 11

LA FAMILIA 13
    La madre 13
    El padre 18
    Primeros años 20
    María Cabrales 21

LA GUERRA DE INDEPENDENCIA 25
    Máximo Gómez 30
    Vicente García 34
    Ideas y raza 41

HACIA LA PAZ DEL ZANJÓN 47
    Otra herida en combate 47
    El pacto del Zanjón 50
    Maceo sigue en guerra 51
    Entrevista con Máximo Gómez 53

LA PROTESTA DE BARAGUÁ 59
    Baraguá 64
    Fin de la Guerra 67
    Salida de Cuba 71

EL DESTIERRO 73
    Jamaica 73
    Haití 75
    Atentado en Santo Domingo 76
    Centroamérica 77
    Martí 78
    Nuevos intentos 79
    Cayo Hueso 80
    New York: Martí, Maceo y Gómez 80

México	82
Jamaica	85
Panamá	87
Los autonomistas	88

EN LA ISLA ... 91
- La Habana ... 92
- Con los jóvenes ... 94
- Santiago de Cuba ... 97
- Expulsado de su país ... 99

OTRA VEZ EL EXILIO ... 101
- Costa Rica ... 101
- Martí y el Partido Revolucionario Cubano ... 102
- Nueva visita de Martí ... 105
- La muerte de su madre ... 107
- Antonio Zambrana ... 108
- Otro atentado contra su vida ... 108
- Flor Crombet ... 111

RUMBO A CUBA. ORIENTE CONMOVIDO ... 113
- Salida de Puerto Limón ... 113
- En Cuba ... 115
- Se reúnen las fuerzas ... 117
- Martí, Maceo y Máximo Gómez ... 118
- Peralejo ... 120
- Sao del Indio ... 121

LA INVASIÓN ... 123
- Asamblea de Jimaguayú ... 123
- De Oriente a Pinar del Río ... 123
- Mal Tiempo y Coliseo ... 124
- La Habana y Pinar del Río ... 125
- Renuncia de Martínez Campos ... 126

EN SAN PEDRO MUERE EL TITÁN DE BRONCE ... 129
- La última batalla ... 131

LA PERSONALIDAD DE MACEO ... 133

BIBLIOGRAFÍA ... 139

Dedico esta obra a mi esposa Gloria Mármol, compañera ejemplar en mis momentos difíciles, que supo amoldarse, desde el inicio de nuestro romance juvenil, a mi temperamento excitable ante las desgracias ajenas y los abusos o arbitrariedades, sin distinción de rango o posición social del que las cometiera.

Siempre me acompañó, en los momentos de júbilo y en los años de sufrimiento, como los transcurridos durante mi prisión política en Cuba comunista. Ella afrontó todas las vejaciones, acosos y persecución que padecieron nuestras mujeres, verdaderas heroínas de ese presidio político. Ella, además de esposa, es mi secretaria, mi memoria y mi guía, tiene muchas horas de sueño dedicados a este libro que pretende ser una modesta aportación a esa juventud de origen cubano nacida en Estados Unidos y otros países.

Como mi nieta Mariselita Sordo, que enarbola con orgullo su estirpe y anda siempre en busca de libros que le hablen de los poetas, escritores, músicos y de todo aquello que la identifique con la patria de sus padres. Búsqueda de raíces, de conocer sobre los hombres que gestaron la patria, nuestros libertadores, entre quienes se destaca Antonio Maceo.

Para ella y todos los jóvenes cubanos, dentro y fuera de Cuba, van dedicadas estas páginas. Con la noble ambición de que sea leída también en un futuro cubano libre y democrático, bajo la égida del cristianismo y con justicia social.

Antonio Maceo Grajales:
Nació en Santiago de Cuba en 1845. Se incorporó a la revolución a la edad de 23 años como simple soldado. Era un incorporado, no un jefe de conspiración como otros. Pronto asciende a Sargento, y urgentemente lo nombran teniente; a los pocos meses ya es capitán y al año siguiente, coronel. Al terminar la guerra es Mayor General: todos sus grados fueron ganados en combate.

PRÓLOGO

José Mármol es un escritor y periodista de origen cubano, radicado en Miami donde ha ganado reconocimiento como profesional capacitado y de firmes convicciones democráticas. En México, recién llegado de Cuba en 1969, publicó numerosos artículos que impactaron a la opinión pública, muchos de ellos donde relataba la vida de los prisioneros políticos cubanos entre los cuales se contó por muchos años e hicieron famoso el seudónimo de Ricardo Sánchez, bajo cuyo nombre Mármol escribía entonces debido a su calidad de refugiado político.

En Miami ha sido columnista de periódicos locales, director de programas radiales y jefe de redacción de la revista *Entérese*. En la actualidad es columnista de *El Nuevo Herald*. Además de esta biografía del patriota cubano Antonio Maceo, Mármol tiene dos obras inéditas que se apresta a publicar en un futuro: *Una Biografía Poco Conocida de Fidel Castro* y *Mito y Realidad del Che Guevara*.

Durante su estancia en México publicó un cuento titulado «Madre» que fue galardonado y ha recibido una amplia divulgación en toda América y el mundo.

José Mármol, descendiente por línea directa de patriotas ejemplares como lo fueron Donato, Francisco y Eduardo Mármol, siempre ha sido un devoto investigador de las proezas de aquellos grandes de la patria que nos legaron una nación libre. La propia trayectoria de la vida de este escritor es siguiendo aquel ejemplo de sus mayores, los que le conocemos y hemos compartido por muchísimos años sus luchas y sacrificios en aras de la libertad de nuestra amada patria, Cuba, nos honramos en recomendar esta biografía del Titán de Bronce, Antonio Maceo Grajales, obra que costó años de investigaciones y laboriosas lecturas a José Mármol. En nuestra opinión es un legado para las generaciones futuras. Confío que los lectores compartan la opinión de este presentador.

Dr. Octavio González Olazábal
Miami, septiembre de 1996

Antonio Maceo Grajales

LA RAZÓN DE ESTA BIOGRAFÍA

Dar a la publicidad aspectos desconocidos de la vida del gran patriota cubano, Antonio Maceo, y divulgar, en especial a los jóvenes y niños de origen cubano en este exilio, lo más sobresaliente en la trayectoria de una vida gloriosa que puede y debe ser ejemplo para las futuras generaciones de cubanos, como lo ha sido para las pasadas y lo es para los que en la actualidad sufrimos en tierras extrañas la lejanía de nuestra patria esclavizada.

Me siento satisfecho de esta contribución histórica, con la que rindo tributo a ese héroe nacional que se ganó el título de Titán de Bronce, que escribió, con el ejemplo de su rebeldía y sus inquebrantables principios morales, páginas que perdurarán en la historia de Cuba con caracteres más indelebles que las estatuas que el pueblo agradecido le erigió por doquier en esa Isla de Cuba que Maceo tanto quiso y por cuya libertad ofrendó su vida.

Foto de Mariana Grajales:
Madre del General Antonio y de diez varones más. Todos ellos fueron a la guerra a luchar por la libertad de Cuba. Admiración causa esta mujer cuya virtud no tuvo límites, ni flaquezas su patriotismo.

LA FAMILIA

La madre

La Madre de los Maceo, como simbólicamente se conoce a Mariana Grajales en la Historia, era una mujer extraordinaria por su carácter y su virtud. Nació en Santiago de Cuba en el año 1809. Sus padres eran mulatos libres de Santo Domingo, que por su pobreza no pudieron darle educación, por lo que pasó su adolescencia trabajando en rudas tareas para ayudar al sostenimiento de la familia. Pero de ellos recibió los ejemplos de una virtud ejemplarizate.

De sus padres adquirió las doctrinas liberales y la rectitud, de que siempre dio prueba en su vida. Aquellos traían de Santo Domingo las ideas de igualdad y las costumbres democráticas del vecino país, donde no había conflictos de raza como en Cuba, con la esclavitud y la división étnica. Sus padres siempre criticaron la situación social de Cuba, jactándose de que los negros de su patria no estaban como los de aquí, excluídos de derechos, sino que vivían en un estado de igualdad con los blancos, por lo que se llamaban «morenos españoles».

Le tocó a Mariana vivir en una época muy hostil a la raza a la que pertenecía. A poco de nacer, Aponte se rebelaba al frente de numerosos esclavos. Fue vencido el líder y los suyos. Aponte pagó con su vida la rebelión, muriendo ahorcado. Su cabeza se exhibió en las calles de La Habana, y fueron estrechamente vigilados los hombres de color, tanto los libres como los esclavos. Esta persecución que vio desde temprana edad, no la atemorizó, por el contrario, precisó sus ideas emancipadoras de los siervos y de la patria.

Muchos cubanos inconformes con el régimen colonial de España en la isla, crearon la conspiración denominada Soles y Rayos de Bolívar y la de la Gran Legión del Aguila Negra, para la independencia. Mariana, aunque muy joven, se sintió atraída por este movimiento de separación política. Sus ideas tomaron mayor amplitud. Ya no sólo defendía la abolición de la esclavitud, sino también la liberación de Cuba.

La población negra realizaba sublevaciones contra el régimen esclavista, alentada por la actitud de Inglaterra, que en el año 1833 promulgaba un plan abolicionista en sus colonias. Este hecho naturalmente tenía que repercutir en Cuba, que ya en 1812 y 1817 había sentido brotes rebeldes de los esclavos. En 1833 y 1835 se presentan dos más.

Inglaterra en el año 1841 detenía en las Antillas a los barcos que traficaban con los esclavos, lo que provocó un movimiento insurreccional en Cuba, señalándose como inductor del mismo al cónsul británico Mr. Turbunll. En 1844 vino la Conspiración de la Escalera, llamada así porque en este artefacto eran azotados los esclavos para que declarasen, y que costó la vida al gran poeta Plácido, uno de los más inspirados de América, y a centenares de esclavos.

El movimiento por la independencia se formaba lentamente, porque muchos criollos no acogían la emancipación de los esclavos, ya que les ocasionaba la pérdida de sus riquezas, anteponiendo su egoísmo al ideal de independencia absoluta. Pero a mediados del siglo se percibían las ansias definidas de la liberación política del país y el propósito emancipador de los esclavos. Narciso López, general que había estado al servicio de España, se trasladaba en una expedición desde los Estados Unidos, tomando a Cárdenas en el año 1850, y aunque fracasó, al año siguiente lo intentó nuevamente, siendo capturado y fusilado por los españoles. En 1855 surge otro movimiento revolucionario, lo que produjo el fusilamiento de sus principales jefes. Todos estos intentos señalaban que había malestar en la isla, que los esclavos se disponían a la rebelión, y los criollos a la independencia. Ambos se habrían de unir para proclamar la separación de la colonia de España.

Esta era la situación en la primera mitad del siglo pasado y años subsiguientes que respiró Mariana Grajales. Mujer superior, a pesar de su escasa cultura, el ambiente tiránico no la ahogó, sino que la hizo más fuerte contra las injusticias del medio. Ella no se rindió, sino que afirmó sus principios, defendiendo tanto la emancipación del hombre esclavo como la independencia de Cuba. Le repugnaba lo mismo el prejuicio inhumano de que eran víctimas sus hermanos de raza, como la opresión del poder español, combatiendo ambas crueldades, porque en ella había un perfecto equilibrio moral y un amor sin fronteras.

A edad temprana contrajo su primer matrimonio con un convecino nombrado Fructuoso Regüeifueros. Cuatro hijos tuvo de este matrimonio. Enviudó en 1840, y tres años después se casaba con Marcos Maceo, venezolano. De esta unión tuvo nueve hijos, siete varones, entre ellos Antonio Maceo, el Héroe cubano, y dos hembras.

Por la enseñanza de la madre, todos los hijos pelearon por la patria, tanto los del primero como los del segundo matrimonio. Las hembras se casaron con revolucionarios. Todos dieron su sangre y sus energías por la libertad. No hubo en ellos deserciones, ni tibieza por el ideal libertador. Un vientre fecundo y noble el de Mariana, que dio héroes y mujeres vigorosas.

Admiración causa esta mujer cuya virtud no tuvo límites, ni su patriotismo flaquezas. Ella nació para ser buena y grande, y así fue su existencia.

Era muy trabajadora y con un arraigado concepto de la responsabilidad como madre y como esposa. Ayudó a Marcos Maceo en sus negocios para adquirir algunas propiedades, a fin de tener una vida un poco desahogada. No sólo se preocupaba de las necesidades maternales, sino de imponer la más estricta moral a sus hijos. No les permitía que dejaran de cumplir la palabra empeñada, y les procuraba que se relacionasen con personas de probada honradez y de limpia ejecutoría.

En el hogar se evidenciaba la disciplina y el orden de la madre. Los hijos tenían que estar en la casa antes de las diez de la noche. Estos obedecían esas órdenes y seguían sus consejos. En la familia había un desenvolvimiento respetuoso y comprensivo. Cooperación cordial imperaba en aquel grupo.

Atendía Mariana con el esposo el manejo de los intereses familiares adquiridos por el trabajo y la unión, con una administración económica. Al hábito del ahorro, que todos practicaban por el ejemplo de ella, se debió el que familia tan numerosa gozara de comodidades.

Ella era muy religiosa, cumpliendo todos los preceptos del catolicismo, cuyas ideas y creencias inculcó a sus hijos. Antonio Maceo las conservaba como un tesoro espiritual, condenando a los que carecían de religiosidad, que él la tenía por bondad humana y sensibilidad ante el dolor ajeno.

Aunque la familia residía y trabajaba en sus fincas campestres, poseían una casa en la ciudad de Santiago de Cuba, a donde iba Mariana a dar a luz a sus hijos, o a estar la suficiente temporada para la educación de los muchachos. Sus ausencias no le impedían, desde Santiago de Cuba, atender y ordenar lo que fuera conveniente para las fincas. Sabía multiplicarse para que no hubiera descuido en el trabajo y organización familiares.

Un medio honesto, pulcro y exigente fue el que respiró Antonio Maceo en su infancia y juventud, por la influencia de la madre. En el hogar tomó el héroe cubano los elementos que formaron su robusta personalidad. Las dolencias del espíritu como sus diafanidades tienen su origen en el hogar, que es fragua inevitable que moldea al individuo, y cuyos efectos no puede, más tarde, destruir en sus relaciones privadas y comportamiento público. Antonio Maceo tuvo la suerte de que le guiara la virtud orientadora, intuitiva por cierto, de la madre, lo que le dio solidez a sus principios y recia armadura a su carácter.

Una buena madre vale por cien maestros de escuelas, dijo Jorge Herbert. En efecto, su ascendencia en el hogar es más decisiva y más trascendente que la exterior. El hábito que se adquiere de pequeño, al través de la vida perdura, así como las enseñanzas y costumbres de la madre, que por diario contacto el niño absorbe, dejan señales indelebles y dominan con inconsciente tiranía.

Napoleón tuvo la suerte de una buena madre, y por eso, reconociendo la significación que tiene en la existencia humana, manifestó que la conducta del niño depende en absoluto de ella. Es tan cierta la bondad de esta dirección, que no hay fortaleza moral ni convicción del deber, en el hombre, si en el hogar existe descuido en la conducta de la madre y despreocupado silencio ante los empeños nocivos del hijo.

Mariana no era sólo la madre rígida en las obligaciones, sino amante de sus hijos, a los que quería entrañablemente. Hay un hecho que hace resaltar su calidad patriótica. Había muerto su hijo Miguel y tiene heridos a otros dos, a los que estaba cuidando en la manigua, cuando le traen herido, en una camilla, a su hijo Antonio. No se turba la madre, sino que, por el contrario, se exalta su rebeldía patriótica.

Llama a su hijo más pequeño, todavía con pocos años, y le dice, recordando el juramento de todos por luchar por la libertad de Cuba: «Y tú, empínate a pelear como tus hermanos».

El apóstol Martí la vio cuando ella tenía unos ochenta y cinco años de edad, y la nívea blancura de sus cabellos coronaba su cabeza. Y de ella dijo, con la prosa cordial y gráfica que tan elegantemente manejaba, que «era la mujer que más había movido su corazón», tal fue la impresión que dejara en su espíritu. Dos veces la vio el noble visionario cubano, y ella lo trató con tanta ternura y lo hizo tan suyo, que Martí se tuvo, orgullosamente, por su hijo.

Conocía Martí la grandeza de Antonio Maceo, y apreció que su inspiración se debió a la insuperable Mariana, por lo que exclamó: «De la madre más que del padre viene el hijo, y es grande desdicha deber el cuerpo a genta floja y nula, a quien no se le puede deber el alma; Maceo fue feliz porque vino de león y leona.»

Esta mujer sencilla no tuvo maestros que la educaran, pero poseyó un corazón que le indicaba el concepto del patriotismo, como tenía que ser la virtud y cual la obligación ciudadana. Estoica y resuelta, sólo con ella existe comparación histórica con la madre de los Gracos, Cornelia, pues, como aquella matrona, curaba a sus hijos para devolverlos a la lucha para que cumplieran con su deber. Se ha dicho de ella que es una madre sublime de sublimes hijos. Esta calificación, tan exacta como brillante, envuelve la excepcionalidad de la gran madre y del heroísmo de la familia.

Murió en Kingston, Jamaica, en 1893, poco antes de darse el grito de independencia en los campos de Cuba. En plena República fueron sus restos trasladados a su patria, descansando en el cementerio de Santiago de Cuba, bajo el cielo de la tierra libertada por sus hijos. La gratitud del pueblo cubano elevó a su memoria un monumento en la ciudad de La Habana, en el barrio del Vedado, que se debe al cincel del escultor Teodoro Ramos Blanco; en el bronce ella aparece señalando a su hijo último el camino de la guerra libertadora. Por todo elogio a la mujer que en cada hijo dio un ejército, como dedicatoria, aparece esta frase elocuente e inmortal, que abarca toda la abnegación de la mujer cubana: «A Mariana Grajales, madre de los Maceos".

El padre

Marcos Maceo era oriundo de Venezuela, y su abuelo fue el famoso agricultor francés Maceus, que introdujo el café en América. De éste se cuenta que en la penosa travesía que tuvo que hacer para llegar a Santo Domingo, para salvar la matica que traía, se privó de su ración de agua. En este país sembró la estimulante planta. El hijo de Maceus se casó con una negra criolla dominicana, trasladándose a Venezuela, y tuvo varios hijos, uno de ellos, Marcos, el padre del inmortal Héroe cubano.

Marcos llegó a Santiago de Cuba allá por el año 1823, procedente de Velas de Coro, Venezuela, con algunas tropas españolas que Simón Bolívar y Páez derrotaron en Carabobo y Puerto Cabello. En su patria, Marcos con otro hermano suyo llamado Doroteo sirvieron a las órdenes de España, por lo que al vencer los revolucionarios tuvieron que emigrar, evitando dificultades con sus compatriotas. Vino a Cuba con varios familiares, y se dedicó al comercio.

En 1843 se une Marcos a Mariana Grajales, y con la ayuda de ella adquiere la casa situada en la calle Providencia 16, donde nace Antonio Maceo. Como le atraía el campo se trasladó a la finca Malaguabo, que tenía unas nueve caballerías de extensión, dedicándola a la siembra de frutos menores y tabaco. La compró a plazos, pagándola religiosamente. Después adquirió las fincas Delicias y Esperanza. Con estas propiedades su estado económico era ya holgado.

La cooperación de hijos y padres y la economía de Mariana hicieron posible el aumento del patrimonio familiar, comportamiento que los vecinos se encargaban de señalar como un ejemplo de fraternidad y éxito.

Marcos era un hombre de maneras reposadas, de poco hablar, trato fino, honrado a toda prueba, pundonoroso, cumplidor de sus negocios, y muy enamorado del principio de autoridad, vestigio de sus andanzas militares.

Su adquirida posición económica le permitió el trato de personas de merecimiento y destacada condición social y el concepto de hombre pulcro le había dado una excelente reputación y prestigio a toda la familia. Los Maceo ejercían en la comarca cierta ascendencia, que se debía a su organización cooperadora y a su compostura ejemplar. No obstante la rigidez del carácter de Marcos, sus relaciones con los trabajadores de sus fincas eran cordiales, y éstos no solamente le respetaban sino que le querían.

Idolatraba a sus hijos. A los del primer matrimonio de Mariana los tenía como suyos. Estos correspondían al tratamiento amoroso con adoración al que de hecho era un noble padre. Su devoción por sus hijos la demostró, entre otros, por el siguiente caso. En los comienzos de la Guerra Grande, los soldados españoles llegaron a la finca donde vivía la familia, e hicieron prisionero a uno de sus hijos, Rafael, que a la sazón tenía unos dieciséis años de edad, y prendieron fuego a las casas y siembras. El padre al conocer del suceso, pues se hallaba ausente, se traslada al lugar donde estaba preso su hijo, y se presenta para sufrir el castigo en lugar de él. Tres días permaneció encerrado Marcos. Varios amigos, al conocer su gesto de padre, se conmovieron y pudieron obtener de las autoridades españolas su libertad. Este acto indica el sacrificio de que era capaz por los suyos. El procedimiento de que fue víctima, lo determina a luchar por la patria de sus hijos. Ya no se detiene por defender la libertad de Cuba e ingresa en las fuerzas rebeldes.

Mariana influyó notablemente en los designios del compañero. Ella comentaba con Marcos la situación de Cuba, el sufrimiento de los esclavos, y, en general, el de todos los cubanos. Ella le pintaba con tan vivos colores y con tanta emoción la realidad opresora, y su hablar era tan sugestivo, que Marcos hizo suyo el dolor cubano y se aprestó a combatir a España en Cuba, no obstante que en su patria la había defendido. Mariana había conseguido ese cambio. Ella no mostró ese egoísmo de tener exclusivamente para sí al esposo, con lo que se corta el vuelo y la gloria al compañero. Ella le señalaba el camino del patriotismo, impulsándolo a luchar por la justicia de la causa cubana, que si representaba sacrificio también producía fama y satisfacción.

Con padres de esta condición, en íntima confraternidad crecen y se desarrollan los hijos, que los vieron en toda oportunidad identificados por el pensamiento y la conducta, para todos los deberes. Una orden de Marcos se cumplía con halago. Una petición de la madre era resuelta con rostro alegre por los hijos y el padre. En la más estricta moralidad y disciplina se desenvolvía aquella unión de hijos y padres, bajo la mirada de un austero piloto, Marcos, que era al mismo tiempo el director de los negocios de la familia, que florecían al impulso de su mano diligente y limpia.

Peleando por la independencia murió en el año 1869, en la acción de San Agustín, a los pocos meses de haberse dado el grito de libertad, estando presente su hijo Antonio Maceo, que lo vio caer, y cuya escena quedó grabada indeleblemente en su mente. El hijo supo beberse el desgarramiento de su pérdida, y sólo lanzó esta frase: «...... así tenemos que morir todos los Maceo».

Marcos, al luchar por Cuba, había cumplido con Mariana, con la gran madre de los Maceo.

Primeros años

Antonio Maceo nació en Santiago de Cuba el 14 de junio de 1845, en la calle Providencia número 16, que hoy lleva su nombre como homenaje a sus servicios guerreros.

Está admitido que el apellido Maceo es de origen francés. Hay algunos que opinan que procede del portugués. A fines del siglo XVIII aparecen en Santiago de Cuba los primeros «Macedos», cuya contracción produce la palabra Maceo. Los que sostienen esta última opinión, aclaran que estos «Macedos», ascendentes de Maceo, vienen desde los más remotos tiempos de Brasil. El crítico cubano Manuel Sanguily, admitiendo quizás esta opinión, y por haber hallado el sabio y antropólogo Carlos de la Torre el hueso de los incas «uptacal» en el cráneo de Maceo, dijo que éste llevaba sangre blanca, negra e india. Este mestizaje dio un tipo biológico de rasgos y fortaleza singulares.

Todo cuanto se exponga en lo relacionado con la procedencia del apellido Maceo, es mera conjetura e hipótesis, y cuya exposición sólo tiene el propósito de rasgar el pasado brumoso de quien no posee una genealogía ilustre, pues el renombre arranca del gran guerrero, que se lo dio con sus hechos fabulosos.

Maceo, cumpliendo los mandatos de la religión de sus padres, fue bautizado en la iglesia de Santo Tomás el Apóstol en Santiago de Cuba, siendo su padrino una persona de merecimiento y de prestigio en la localidad, el licenciado Ascencio Asencio. El padrino le tomó mucho afecto al ahijado. A ello se hizo acreedor por su inteligencia y amor propio, que desde muy temprana edad empezó a demostrar en todos sus actos.

Por su color no pudo concurrir a los buenos colegios de Cuba, cerrados a las personas de su raza. La familia tuvo que conformarse con prestarle una rudimentaria educación; pero el talento había de suplir las deficiencias de cultura y dar pruebas de sus aciertos como estadista y como jefe revolucionario.

Hasta la edad de dieciséis años, Maceo estuvo dedicado al cuidado del ganado de las fincas de sus padres. Después, hasta que vino la guerra libertadora de 1868, a la que se uniría, se encargó de administrar los negocios agrícolas y de la venta de los frutos y tabaco en los pueblos comarcanos.

María Cabrales
Meses antes de levantarse en armas los cubanos, se casó con una cubana atrayente, de porte irreprochable y muy hermosa, quedándose a vivir en una de las fincas de su padre. Del matrimonio tuvieron dos hijos, los que murieron a poco de nacer.

El matrimonio fue muy dichoso. Nada alteró la compenetración de ellos. La ternura y el natural comprensivo de María Cabrales, que así se llamaba la esposa, fueron alientos fortificantes en la vida de Antonio Maceo. Su indulgencia ató por toda la vida estas dos almas. Maceo tuvo la inmensa dicha de una buena madre, de un padre austero y digno de una madre tierna y ejemplar. La abnegación y compañerismo que halló en la familia facilitaron su gran misión. El apóstol Martí con la certera visión que de las cosas de la vida y de los hombres tenía, expresó de Maceo y de su madre y esposa: «¡que fáciles son los hombres con estas mujeres!». Y sobre María Cabrales dejó este comentario favorable y exacto: «la más prudente y celosa guardiana que le pudo dar su buena fortuna», agregando para completar el juicio: «... en sala no hay más culta matrona, ni hubo en la guerra mejor curandera».

Sobre lo que significó de impulso y cooperación la esposa en Antonio Maceo, es preciso reconocer que la mujer ejerce notable ascendiente sobre el marido, tonificando su moral, si ella es de elevados principios, o rebajando su valor, si, por el contrario, carece de sentido ético. Samuel Smiles expresó que una mujer de virtud robusta eleva, insensiblemente, los propósitos y las aspiraciones de su marido. Tocqueville, convencido de que el hombre no puede encontrar ningún apoyo equivalente al de la mujer de recto carácter, manifestó, dando a conocer lo que pensaba de su esposa: «... de todas las bendiciones que Dios me ha otorgado, la primera de todas, a mis ojos, es la de haber encontrado a María». Tales palabras las pudo pronunciar Maceo de su esposa, pero uniendo para mayor dicha los nombres de su madre y de su padre.

La esposa fue una mujer sencilla y se identificó de tal suerte con Maceo, que supo desenvolver, en su radio y con dignidad, sus ideas y trabajos revolucionarios. Estando expatriada, formó instituciones patrióticas para ayudar a la causa de la independencia. Al partir el esposo a la guerra de 1895, ella se quedó en Costa Rica, atendiendo los negocios de la colonia de Maceo, y procurando recursos para los rebeldes. Una larga correspondencia sostuvo con el esposo, la cual refleja la armonía entre los dos.

Al llegar Martí a Costa Rica, en uno de sus viajes a ese país para comprometer a Maceo en la guerra de independencia, María Cabrales le dijo que ella también deseaba ayudarlo con un club de mujeres. Cumplió su ofrecimiento, pues fundó una asociación femenina, la que denominaron María Maceo, en honor de ella y de su esposo.

Las cartas de Maceo a María Cabrales están impregnadas de sentimientos cariñosos. Como ella no pudo acompañarlo en la guerra desencadenada en 1895, como lo hizo en la anterior contienda, al dirigirse Maceo a Cuba le expresa en una carta el reconocimiento, fraternal y puro, que la gloria de la lucha que iba a emprender correspondía a los dos: «La primera vez luchamos juntos. Ahora es preciso que luche solo, haciéndolo por los dos».

En la guerra el Héroe cubano estaba atento y siempre preocupado de la esposa. Ella tenía en su mente la misma preferencia que los planes militares. Para Maceo, Cuba y María Cabrales eran dos ideales que él amorosamente guardaba. En ocasiones no tenía tiempo material para comunicarse con ella. Él se disculpa, expresándole: «Los progresos de la revolución no dan tiempo a los deberes de familia a los que como yo tienen el peso de esta enorme masa de revolucionarios incansables y decididos; pueden atenderlos debidamente los que no ocupen mi puesto. Para mi no se ha hecho la tranquilidad; vivo a caballo corriendo en todas direcciones, organizando fuerzas y prefecturas; veintidós mil hombres forman dieciocho regimientos que tengo sobre las armas».

Si no recibe carta de la esposa, Maceo se inquieta, y entonces le escribe inmediatamente para saber a qué se debe tal demora. La tardanza tiene explicación: es que la esposa esta laborando intensamente en el club revolucionario de mujeres.

De María Cabrales se ha dicho que ella era la personificación austera y generosa, con todos sus dolores y toda la sublime grandeza, del ideal redentor, por sus servicios y altruistas sentimientos. Ella no tuvo los rasgos viriles de la madre de Maceo, pues su temperamento era más bien sentimental que emotivo; pero no dejó, por el esposo, de arriesgarse a peligros mortales. Con él estuvo durante toda la campaña de la guerra de los diez años.

En el año 1877 es herido gravemente Antonio Maceo. Los españoles a toda costa quieren apoderarse de su persona, pues con ello se daba un golpe irreparable a los rebeldes cubanos. Tenía que estar huyendo por las maniguas cubanas de la tenaz persecución. Su hermano José con doce rifleros es el que lo defiende de los ataques de superiores fuerzas enemigas. María halla al general cubano José María Rodríguez, al que comunica que hay que salvar a Maceo o morir todos con él, pues los españoles no cesan de acosarlo. Rodríguez acapara a Maceo, pudiendo este librarse de caer en manos de sus contrarios. En las montañas lo cuidan la madre y la esposa.

Las agitaciones y los riesgos de la guerra jamás debilitaron su fervorosa dedicación al esposo. En la guerra de los diez años compartió con Maceo las asechanzas y las durezas de la lucha para arrancar a la patria del coloniaje, sin que el cansancio ni el temor la rindieran. Iba por las montañas agrestes y penosas, con sus compañeras; ninguna era más ágil para subir la cumbre, ni más solicita para cuidar un enfermo. Dedicada al esposo y a la libertad, para ella no hubo peligro ni amenaza que abatieran su generosa actividad.

Seis días antes de caer para siempre frente al enemigo, le escribe Maceo a su esposa su última carta, manifestándole que se halla muy apenado por sus dolencias y entristecido por la carencia de recursos para atender su quebrantada salud. Le dice: «... he sentido todo esto, no ya por tu pobreza, sino por tu estado, que siempre me alarma». Cerca de la inmortalidad, el pensamiento del Héroe fue para la dulce compañera, para María, hermana y mujer, por su incomparable cariño y fidelidad.

Terminada la guerra de independencia, regresó de Costa Rica, a mediados de 1899, con el velo negro de la viudez, instalándose en el hogar de sus padres en Santiago de Cuba. Alejada, por el dolor, del mundo, devotamente mantuvo el recuerdo del esposo amado.

El Partido Revolucionario Cubano, con sede en New York, por medio de su delegado, aquilatando su patriotismo y sus virtudes, a raíz de la muerte de Antonio Maceo, le dio su pésame con estas palabras. «Confiad señora en el amor de vuestros compatriotas a la memoria venerada de vuestro inmortal esposo, y sabed que por acuerdo unánime de todos y tácito consentimiento, la viuda del Mayor General Antonio Maceo es la desposada del pueblo cubano».

En julio de 1905, le sorprendió la muerte. De ella se puede decir, con justeza, que presenta en toda su alteza moral, el perfil más bello y noble de la mujer cubana.

LA GUERRA POR LA INDEPENDENCIA

El fracaso de los medios prácticos para obtener reformas políticas obligó a los criollos a utilizar la guerra como instrumento de liberación. El cubano agotó todos sus recursos legales para de acuerdo con España implantar modificaciones al sistema colonial, que dieran al primero una intervención directa en la gobernación del país. Como España no se prestó francamente a las recabadas modificaciones, es que surge la guerra. Hombres de valor como José Antonio Saco, el conde de Pozos Dulces y José Morales Lemus, sentaron el plan reformista, pero la sordidez de la Metrópoli llevó al convencimiento de que únicamente por la fuerza era posible alcanzar la ansiada transformación institucional. La Junta de Información creada para que los cubanos expusieran sus aspiraciones políticas, sociales, y económicas y las consiguientes resoluciones a estos problemas, se disolvió en Madrid sin que fuera oída, colmando el desencanto público. Por la intransigencia de los estadistas españoles, caía en el mayor descrédito el reformismo, y como consecuencia, se lanzaba el cubano a la contienda armada.

En Oriente, en la ciudad de Bayamo, la segunda de la provincia, un grupo de criollos adinerados, entre los que se contaban los hacendados Francisco Vicente Aguilera, Francisco Maceo Osorio, Pedro Figueredo y Carlos Manuel de Céspedes, preparan el movimiento insurreccional. Los dirigentes cubanos, conociendo por experiencia que los anteriores intentos de solución adoptados por los nativos, por su carácter unilateral y específicamente encaminados a los intereses de la clase rica del país, dejando existente el mal básico de la esclavitud, le habían privado de fuerza moral y material, se determinaron a unificar todos los intereses y todos los individuos para darle un objetivo de renovación integral al movimiento.

Se proclama como principio inmutable de la lucha libertadora la igualdad de todos los hombres y la dignidad como atributo imprescindible de todo ciudadano. Se recaba el concurso de los hombres de color, tanto libres como esclavos, para defender juntos la nacionalidad que ha de ser una cristalización socializadora. Se dejaba el divisionismo pasado, afirmándose la solidaridad de todos los elementos cubanos. Se partía de que para constituir un pueblo libre era necesario hacerlo con hombres libres.

Antonio Maceo no crea la revolución. Él no había nacido con la piel blanca, ni integraba el patriciado para ser jefe de un movimiento que surgía, que venía de hombres ricos. En los preliminares del año 1868, Maceo tenía veintitrés años y no se le había confiado ninguna misión importante por los conspiradores. Su padrino, que estaba comprometido, le dio ciertos encargos, muy sencillos, acerca de algunos patriotas de la comarca.

Uno de los jefes rebeldes, ya en armas, Juan Bautista Rondón, va a la finca Majaguabo para saber cuál de los Maceo se sumaría a la revolución. Es el 25 de octubre de 1868, y ya se había dado el grito de independencia el día 10 por el acaudalado hacendado Carlos Manuel de Céspedes en su ingenio La Demajagua, que como primer acto dio la libertad a todos sus esclavos, los que se sumaron a la guerra.

Cuando Rondón llega están presentes Marcos Maceo y Mariana Grajales y algunos de sus hijos. Rondón invita a la familia con estas palabras: «¿Cuál de los muchachos me das, Marcos?». Así quedan los tres unidos a la lucha emancipadora.

El gesto de los hijos conmueve al padre. La madre, orgullosa de ellos, les prodiga palabras de aliento. Al esposo y a todos los hijos los reúne en su torno, y elevando un crucifijo, todos juran defender a la patria y morir por la libertad y la igualdad de todos los hombres.

Los españoles, para desacreditar a los revolucionarios, decían que eran unos «salteadores de caminos», al margen de la ley. Rondón hace desfilar los cuatrocientos hombres que tiene bajo su mando, y les dice a los Maceo que éstos eran los «salteadores» de que hablaban los partes enemigos. Al desfilar los soldados vitorean a los Maceo, y jubilosos no cesan de gritar las ventajas de su cooperación. Se extiende que la familia se ha ido a la guerra, y a los pocos días numerosos vecinos se unen al movimiento. Ya tiene Rondón unos ochocientos soldados. Es el prestigio del nombre de la familia la que produce el aumento súbito. El buen crédito daba sus frutos.

Como la esposa de Antonio está en cinta, se quedan con ella en la finca Majaguabo los padres de Maceo y los demás hermanos. Las autoridades españolas al tanto de lo ocurrido parten para allá con la orden de aprehenderlos y fusilarlos. La familia huye, refugiándose en otra finca. Al llegar los españoles, encuentran a Rafael, uno de los hermanos del Héroe cubano, que estaba recogiendo algunas ropas y pertenencias de la familia. Los españoles incendian las casas y se llevan prisionero a Rafael.

El padre se entera del hecho y se encamina al lugar donde está encerrado su hijo, y se ofrece a cumplir la pena que le corresponde al hijo, con tal que le dejen en libertad. Los españoles guardan al padre, pero al hijo no lo dejan libre. Dos españoles, amigos de la familia, interponen sus buenos oficios, y consiguen la libertad de los dos Maceo, que no pierden tiempo para unirse a los insurrectos.

El primero de la familia que caía era Justo Regüeiferos, hijo del primer matrimonio de Mariana. El segundo que ofrendaba su vida por la causa libertadora lo fue el padre. Su hijo Antonio estaba presente cuando el plomo enemigo lo hace caer muerto. Por el juramento ante su compañera estaba luchando por su nueva patria, lleno de amor por sus hijos y por el progreso de la independencia.

Antonio Maceo ignoraba el arte de la guerra, pero su mente lúcida concibe planes precisos y eficaces, y le iluminaba el campo de batalla, obteniendo triunfos desconcertantes. Así va aprendiendo el neófito el arte militar. No conoce bien el uniforme, no ha visto jamás un combate, ni una columna en marcha, ni ha oído hablar de estrategia, ni de táctica, ni ha pensado antes de ahora en una ley de organización del ejército. Pero esta ignorancia no le ha de importar para que se destaque en la lucha, pues él tiene intuitivamente la certeza de cosas que no ha visto, y las que modificará o suprimirá, según convenga a las necesidades de la guerra. Es que tiene un cerebro bien organizado, y le acompaña el valor y una asombrosa actividad.

Maceo ingresa como simple soldado. No podía, por el momento, aspirar a otra posición. A él no se le cerraban las posibilidades de ganar grados y jefaturas, pero tenía que comenzar como soldado de fila, porque él era un incorporado, no un jefe de conspiración. El soldado Maceo se hace pronto sargento, y urgentemente lo ascienden a teniente, y no pasan muchos meses cuando luce el grado de capitán. Al año siguiente es teniente coronel. En 1872, coronel, y el posterior, brigadier. Y antes de terminar la guerra, es mayor general. Y como si fuera poco, en la guerra del 95 ocupa la lugartenencia general del Ejército Libertador.

La revolución valoraba los quilates personales y afirmaba con este reconocimiento la identificación cubana. La revolución, mantenedora de la igualdad, la tolerancia y la justicia, que Céspedes proclamó al dar el grito libertador, no podía ser remisa en el aquilatamiento, ni tardía en el premio al extraordinario mulato, por natural consecuencia ideológica. No había de importar al galardón que se tratara de un hombre perteneciente hasta ayer a una raza sin derechos, porque era norma inspiradora de la guerra contra España que no había que mirar a la pigmentación, ni al nacimiento desigual, sino lo que había de eficacia en la acción y de excelencia en la mente. Esta justiciera actuación origina que la causa de la independencia se presente a la ansiedad cubana como una común emancipación.

El talento de Maceo asombra, pero así como la revolución no es parca con él en el premio, tampoco es dilapidadora. A cada adelanto y a cada hazaña el otorgamiento de la recompensa tiene equitativa oportunidad. Su gradual ascensión, sin saltos de favoritismo, es una cabal tasación de su heroísmo. Es por eso que Maceo no ha de tener quejas por el tratamiento de que fue objeto, porque con él no hubo pretensión, pero sí proclamará el que sus grados respondían a una valoración justa de sus servicios y que su nombramiento no se debía a concesiones indebidas, sino a su personal conquista y a su actuación leal y valerosa.

Desde el primer fuego demuestra Maceo sus condiciones excepcionales de mando y arrojo en la pelea, que lo distinguen en el grupo de cubanos levantados contra España. Su fama se extiende. Por doquier se oyen alabanzas al bravo mambí, por la temeridad demostrada en las acciones en que toma parte y por la disciplina que impone a sus fuerzas, así como por la ecuanimidad con que resuelve los problemas que se le plantean. Se bate a diario con denuedo. Va siempre a la vanguardia. Es jefe y es soldado. Manda y lucha personalmente.

Su valentía le trae envidia y contratiempos. El no se detiene. Sigue defendiendo la bandera de la independencia, por encima de los reproches y las pasiones de los hombres. A poco del alzamiento, su jefe inmediato, Pío Rosado, le ordena que se embosque para rechazar una fuerza enemiga que había de pasar por el lugar. El jefe, después, conoce que es muy numerosa la fuerza española, por lo que da la contraorden de suspender el ataque; la nueva disposición no pudo llegar a oídos de Maceo, que atacó furiosamente, derrotando al enemigo. Como el gobierno revolucionario ya tenía noticias de que no iba a realizarse tal acción, por la suspensión ordenada, se sorprendió del triunfo de Maceo, que ridiculizaba a su jefe Rosado. Este no perdonó la situación en que había quedado, guardando a Maceo una no disimulada prevención.

Maceo vence los agravios de la sospecha y la encubierta rivalidad, que a veces asoma, porque las dimensiones de sus servicios son de tal magnitud que ahogan toda las malquerencias; y son tan relevantes los beneficios a la revolución que es en general entusiasta el acogimiento que se advierte a su persona.

El afecto que le tenían sus subalternos llegaba hasta soportar el sacrificio. Un hecho, entre los muchos que pueden citarse, lo demuestra. En pleno combate contra fuerzas enemigas, un criollo disgustado con Maceo lo agrede. Uno de sus ayudantes, llamado Manuel Amabile, al ver el peligro que corría su jefe, se interpuso con su cuerpo, recibiendo la bala que iba dirigida a Maceo, que entonces era teniente coronel. El acto evidencia la hondura que había alcanzado la devoción de sus compañeros de luchas.

Maceo, con profunda responsabilidad de su destino y formación democrática, utiliza su liderazgo, no para el provecho personal, sino para libertar y orientar a los oprimidos. Su acción y talento, a medida que más asciende en su carrera, son para extirpar las injusticias coloniales. Maceo se entrega a la revolución, no sólo porque no le discute sitio ni le regatea honores, y en la cual gana una jefatura natural por su servicio y hombría, sino porque irradia las iniquidades que él rechaza. Hombre de condición extravertida, lucha por su intimidad redentora.

Pulcro y pundonoroso, no aceptará el deshonor o el vicio aunque vengan de las filas rebeldes, ni se rendirá a las complicidades claudicantes. Hombre de esencia romántica, las potencias de su espíritu y los empujes de su brazo estarán contra todas las explotaciones sin que le arredre ningún obstáculo, ni le desarme el arte interesado del halago, porque él tiene a su deber revolucionario como ineludible legitimidad de su destino, esforzándose por su egregio cumplimiento.

Él sabe que su misión de rendir a los enemigos de la liberación material de sus hermanos y abatir las barreras que se oponen al advenimiento de la nacionalidad, es oficio sangrante y abrumador. Por eso no pudo menos que decir, trazando definiciones y acaso con el dolor de las impotencias circundantes. «Mis deberes con la patria y con mis convicciones están por encima de todo esfuerzo humano».

Él sabe que el grito de libertad de Céspedes, quebrantando su fortuna y libertando a sus esclavos, cerraba de una vez y para siempre los entendimientos con España, y que sólo podía venir, por la unión de todos los cubanos creada por la revolución, un pueblo de hombres libres, cuyo nexo fuera la igualdad y la concordia. La arraigada convicción de esta idea hace que Maceo sea el mejor vehículo de la guerra, el peleador más impetuoso y, al mismo tiempo, su más tenaz intérprete, porque en ella veía su reivindicación de hombre y su exaltación de héroe. La guerra, que es el medio conquistador de la independencia, pone de relieve sus virtudes cívicas y, como campo de emulación, sus geniales dotes militares. Es la lucha libertadora la que eleva al modesto campesino hasta alcanzar perfiles sobrehumanos. Llega a personificar el coraje insurrecto y la intransigencia patriótica.

Máximo Gómez

Desde el año 1870 Maceo sirve a las órdenes de Máximo Gómez, dominicano que hace suya esta tierra y la defiende con sus extraordinarias aptitudes guerreras y que ocupó en la guerra del 95 el cargo de jefe supremo del Ejército Libertador. Es Máximo Gómez el que enseña a los patriotas a pelear con el machete, que era el arma utilizada en su tierra para combatir a los haitianos en sus incursiones invasoras.

La primera acción en que se utilizó esta arma fue en el Pino de Baire. El resultado fue favorable, pues los insurrectos alcanzaron una gran victoria. Allí fue donde Gómez aleccionó sobre el eficaz manejo del instrumento, que venía a suplir la falta de armamentos de fuego y municiones, que los cubanos tenían que tomar al enemigo o esperar a que vinieran, en reducidas cantidades, en expediciones que tenían que burlar la estrecha vigilancia de las costas. Por otra parte, el machete era ventajoso en aquella época, porque los españoles usaban el rifle de boca, tardío en el disparo, lo que daba tiempo al ataque insurrecto.

Maceo y Gómez se identifican completamente. Gómez supo descubrir su inteligencia nada común y la rectitud de su carácter, por lo que le confió empresas vitales. Fueron compañeros que el concepto de la dignidad los identificó en un mismo plano de mutuas consideraciones personales. El reconocimiento del valor de Maceo, era para muchos preferencia y hasta debilidad de Gómez, cuando en el fondo no era más que leal premio al mérito y la pujanza.

Bajo las ordenes de Gómez realiza Maceo una serie de operaciones asombrosas, entre las que se destacan las invasiones de regiones que se tenían por inexpugnables, y a las que llevó la guerra, sorprendiendo por la rapidez y precisión con que acomete y vence. De todas estas maniobras le nace la idea de que llevando la guerra a las provincias de Occidente es la manera de expulsar a España de Cuba, pues la extensión de la contienda a toda la isla colocaba al enemigo a la defensiva, con la consiguiente inferioridad que esto significa. La invasión general la cree hacedera, mediante marchas fulminantes, que no dejen tregua al ejército contrario, y con tal rapidez que compense la carencia de pertrechos y la pequeñez de fuerzas. Otra de sus tácticas es la de tomar la iniciativa en el ataque, que tiene la ventaja de que el enemigo no acierte los proyectos a desarrollar. En la guerra del 95, él pone en práctica este plan con el efecto asombroso que la historia reconoce.

Por el amor fraternal hace Maceo derroches de intrepidez, que raya en lo fantástico. Se cuenta que un fuerte español defendido tenazmente, es acometido por los cubanos por orden de Máximo Gómez, sin que puedan rendirlo. Los revolucionarios unos tras otros caen. Gómez, para evitar mas pérdidas inútiles ordena la retirada. Uno de los heridos graves es José Maceo. El héroe cubano le dice a Gómez que no puede dejar a su hermano casi muerto en medio de los españoles. Gómez, que no sabe de evasivas dispone que continúe el ataque con Antonio Maceo al frente. El fuerte cae en poder de los cubanos, constituyendo una victoria. El cariño por su hermano unido a su patriotismo, lo condujo, una vez más, al heroísmo sublime.

Maceo adquiere extraordinaria notoriedad por sus hazañas. A su sólo nombre los enemigos dejaban el campo del combate. Tiene mucho de fabuloso este ser invencible, que sabe mandar y que lucha cuerpo a cuerpo. Gómez se siente orgulloso de la hoja de servicios de Maceo, no ocultando su envanecimiento por entender que es él quien había descubierto sus excepcionales prendas como ciudadano y como guerrero. Cuando lo ascendió a coronel lo hizo con esta expresión: «La conducta del coronel Maceo es muy digna del nuevo puesto que ocupa por su valor, su pericia y actividad».

El Presidente de la República, conociendo la brillante hoja de servicios del coronel Maceo, que tiene en jaque a las fuerzas contrarias con sus desconcertantes cargas al machete, le dirige una carta laudatoria, lo que constituía una distinción muy señalada. Le expresa el primer mandatario que sus operaciones y heroicos esfuerzos por derrotar a los españoles han consolidado la guerra en la región oriental; y que «ha sabido conquistar la gloria que va justamente unida a su nombre».

Gómez, que participa de la admiración que los cubanos sienten por el joven guerrero, desea que el Presidente, en honor a Maceo, realice más que el envío de letras, que lo reciba personalmente y le dé su estimulante congratulación, que sea el reconocimiento oficial del gobierno, al que se tenía como un prodigio en el combate. El Presidente no demora el acto de esa pública demostración. Recibe a Maceo, haciéndole llegar su felicitación por los hechos asombrosos, que evidencia a un singular combatiente. Maceo, sin inmutarse, oye las felicitaciones del Presidente Céspedes, que estrecha las manos del Héroe, el que se concreta a contestarle que sólo cumplía con su deber de patriota. La modestia de Maceo causa en el Presidente una impresión de amplia simpatía.

Un suceso viene a poner de manifiesto la amistad de Gómez y Maceo. El Presidente Céspedes destituye al general Gómez del cargo que desempeñaba en el ejército, bajo la acusación de desacato, por no haber provisto de ayudantes al Poder Ejecutivo. Maceo no estaba convencido de la procedencia de la sanción impuesta, pero guarda la línea de la obediencia, lamentando la delicada situación del amigo. El Presidente, creyendo que Maceo titubea ante la disposición que se le había dado de ejecutar la orden, le conmina a que la cumpla inmediatamente. Así lo hace, con sentimiento que no puede ocultar por el nexo afectivo que lo une a Gómez, con lo que da prueba de acatamiento militar, sin que el afecto o la gratitud lo lleven a la insubordinación, pues por encima de los hombres coloca la estabilidad de la República.

Maceo sigue su carrera de triunfos y de temeraria acometividad. Allá por el mes de junio de 1873, realiza un asalto inaudito. La población de Manzanillo es una plaza fuerte en poder de los españoles. Maceo concibe dar un golpe hasta el centro de la población. El acto es suicida. Los oficiales se despedían de sus amigos en las afueras de la ciudad, convencidos de encontrar la muerte en las calles. Maceo llega a la plaza principal, lloviendo balas por todas partes. El vecindario queda estupefacto. Parece que una buena estrella lo acompañaba en sus empeños, pues de otra suerte no conciben que pudiera salir airoso de hazañas de tal naturaleza.

Si Maceo, Gómez y otros patriotas dieron brillo a la revolución con sus proezas y desinterés, surgían hechos que la ensombrecían. Pero no por eso ha de decaer la acción y la disciplina de Maceo. La deposición del presidente Céspedes, que tiene efecto en octubre de 1873, es turbadora, estimándola Maceo como un grave error que daría origen, como desgraciadamente lo fue, a recelos y rivalidades. Pero patriota sin tacha, acató la medida antes que desencadenar la indisciplina, más funesta que las equivocaciones gubernamentales, como reiteradamente expresara. Después de todo, para él la causa no radicaba en el cambio de hombres, sino en los objetivos finales; en este caso, como en el de Gómez, se trataba de exterioridades de mandos.

Los acontecimientos se suceden para que Maceo ratifique su invariable disciplina. No será ahora la ambición, sino el localismo desintegrador y acallados escrúpulos étnicos, lo que entorpezca la marcha de la guerra. En febrero de 1874, lo designa el general Gómez, para dirigir las fuerzas villareñas en la empresa de invadir la región central de la isla. Él era un hombre ideal para el cargo, ya que con su probada actividad multiplicaba las fuerzas, y precisamente esto era lo que requería la guerra en aquel momento: dinamismo que aumentara los contables efectivos y acción que supliera la escasez de elementos.

El regionalismo que fuera tan perjudicial a la causa emancipadora, lo discute e invalida como tal jefe, por exigir aquellas fuerzas que tenía que ser villareño el que las mandara. Entonces, el general Gómez designa al teniente coronel Cecilio González, negro como el ébano, pero lo hace con estas palabras que suenan a reproche y a enseñanza: «A éste no podrán decirle que no es de Las Villas, pues nació en Cienfuegos». Maceo, superior a la conducta observada con él, se conforma con la sustitución sin lanzar una queja desmoralizadora; pero como respuesta heroica y aleccionadora se crece al frente de los orientales en la batalla del Naranjo, y de la segunda división en la celebre de Las Guásimas, demostrando que sus reacciones, como cubano, eran las del sacrificio y la cooperación, dejando las injusticias al rígido fallo de la historia.

Maceo no deja de ceñirse a la disciplina, porque entiende que es fidelidad al ideal redentor. Abraza la libertad de Cuba con pasión, traduciendo la lealtad a sus ideales como disciplina, y su tibieza por negación. Es un dilema vital el que le traza su destino. No se le verá indiferente a la suerte de la patria, ni usará de la estudiada complacencia para útiles acomodos. Hombre definido, su actitud es única: coopera o niega. El término medio, con que el utilitarismo se viste, no existe para él.

Vicente García

Vicente García es uno de los jefes a quien señala como desafecto de la revolución, a pesar de sus servicios, so pretexto de reformas a las instituciones políticas de la República en armas, García se proyecta en Lagunas de Varona contra los poderes legales de aquella, utilizando la fuerza peligrosa del motín, y no los cauces legales, para obtener lo que él creía necesarias modificaciones orgánicas. Maceo ve que el procedimiento retarda el triunfo de la revolución, cuyo advenimiento demandan las conveniencias patrias. Se opone decididamente al célebre movimiento del general García, para evitar el precedente mortal de la exigencia tumultuaria. Cuando le va a pedir su concurso, Maceo, que es un hombre parco pero terminante, y que no podía diluir en extensas parrafadas, ni en líricas expresiones su manera de pensar, sólo tiene para Vicente García una frase que es un reproche y una cívica lección: «No cuente conmigo». Esto bastaba para que el fracaso diera término al brote sedicioso, porque el veto maceico era el de la virtud incontaminada, y, al mismo tiempo, significaba que Oriente, donde pensaba García obtener el mayor respaldo, se mantenía fiel a la disciplina. Maceo, con sus tajantes palabras, corta la asonada del incomprensible jefe. El «no cuente conmigo», lanzado por quien tenía aval de una historia impecable, es una enseñanza de orden y respeto al gobierno legal, y una llamada al deber militar, que detuvo el desmembramiento de la revolución.

Dos años más tarde reincide el general García en sus manejos personales, encubriendo nuevamente sus intenciones con un pomposo programa federal-socialista, a que debía adaptarse el organismo político de la revolución, con vistas al futuro. Estas «reformas» son por lo regular la técnica a la que recurre la ambición: aparentar soluciones salvadoras a ficticias necesidades públicas. Maceo opinaba que los detalles del régimen transitorio como el definitivo de la República, había que subordinarlos a la victoria de las armas cubanas. Lo había dicho y lo repetirá cada vez que se le presenten los problemas relacionados con la adopción del régimen militar-revolucionario, que antes que nada era preciso para el triunfo «un plan uniforme y acción compacta». Lo urgente y necesario para él no era el debate sobre minuciosidades de las instituciones nacionales, que tendrían que ser facilitadoras de la libertad, sino vencer a España, para hacer tangible la implantación del nuevo Estado. Lo inmediato era expulsar a la Metrópoli y, más tarde, dedicar esfuerzos y estudios a la estructuración política social de los organismos públicos, que eran la consecuencia de la guerra, por lo que invertir esta relación la tachó, más que de extemporánea, de atentatoria de la causa.

Crear en plena campaña controversias sobre tales reformas, desviadoras del celo de la lucha, las tenía como factor debilitante y frustrante de la guerra y de proyección anticubana, lo que era herir su inquisitiva observación revolucionaria.

Al general Vicente García, desconocedor de la autoridad del Presidente de la República y demás integrantes del gobierno, Maceo, por la reiteración del acto subversivo y por la suprema obligación de su caudillaje, no tendrá la repulsa sintética de antes, sino que sentará en declaraciones escritas y permanentes su diáfano pensamiento político y su inalterable proceder, para fijar pautas colectivas y atajar la desintegración del ejército mambí. Le dice que le produce indignación la invitación que le hace al desorden y la desobediencia a los altos jefes y al gobierno. Le ruega que «se abstenga en lo sucesivo de proponerme asuntos tan degradantes, que son propios de hombres que no conocen los intereses patrios». Y sigue Maceo expresándole: «Al hacerme esta manifestación debió comprender que antes que nada soy militar. Para mí nada implica la amenaza a este distrito, porque siempre apoyaré al gobierno legítimo, porque vivir de esa manera sería llevar la vida de un perfecto bandolerismo. Cumpla usted con el deber que le imponen su grado y sus obligaciones hacia la patria, y verá que ni las fuerzas se fraccionan, ni se desorganizan como usted dice, pudiendo siempre reclamar el derecho a la justicia».

Sus palabras son explícitas y rudas, como de un hombre que tiene el culto de la verdad. No usa de circunloquios, ni esconde su pensamiento en un rebuscado verbalismo; va rectamente al mal y lo bate. No es la palabrería que se pierde en la ambigüedad, sino la prosa categórica y resolutiva. Denuncia por nocivo el trastorno que dilata el triunfo de la guerra y emplaza a los promotores ante la Posteridad inflexible. Al decir Maceo «gobierno legítimo», se está refiriendo al que representa y defiende los valores revolucionarios, pues él entiende por legitimidad lo que nace de las entrañas populares y lleva la eficacia de la victoria.

Maceo no les cierra al general García ni a los suyos el derecho de petición, para él sagrado, y que no impugna. Él se opone a los medios utilizados, por los que teme el franco entorpecimiento de la revolución. Hombre de acción, expeditivo, sabía que en la subordinación disciplinaria radicaba el triunfo de la guerra; y sus decisiones estuvieron prestas a mantener su inviolabilidad y a exigirla de los que estaban más obligados a ser prudentes guardianes, para que no se malograra ni retardara su advenimiento.

Meses después del segundo brote sedicioso del general García, surge otro, bajo las mismas apariencias demográficas de mejoras políticas. La ambición vuelve a disfrazarse bajo el manto propicio de apremiantes adaptaciones a públicas urgencias. Maceo no tendrá ya el rechazo seco del «no cuente conmigo», o la prosa condenatoria que desarmara a García, sino que ahora ha de ser la acción personal. Es Limbano Sánchez el que se pronuncia contra el gobierno de la República. Maceo se encamina al campamento de aquél en Vallejo, para impedir la descomposición militar, que tanto repugnaba a su patriotismo. No le importa que su integridad física peligre; lo que le interesa es que no se menoscabe el patrimonio revolucionario. Al encontrarse ambos, bruscamente Limbano encañona su revólver al pecho de Maceo, que sin inmutarse le ordena: «.... deponga usted esa arma». El mandato es tan dominador que surte sus efectos. El brazo que iba a ser homicida cae. Maceo, entonces, para infundirle ánimo y confianza le dice: «No tema usted, me esforzaré por salvarle de la ruina que le amenaza; entrégueme su gente y ayúdeme a que vuelvan a la obediencia». Y como castigo de su vituperable acto lo dejó arrestado en su propio campamento.

Nuevamente se amotina Limbano, violando la pena. El general Gómez se muestra contemporizador y trata de parlamentar con el incorregible Sánchez, dejando al descubierto la obediencia indispensable a todo cuerpo armado. Maceo discrepa de la actitud de su superior, que aminoraba la jefatura del propio Gómez y resquebrajaba todo el ordenamiento del ejército. Francamente le expone a Gómez, en presencia de Limbano, lo siguiente: «Si usted, como autoridad respetable quiere que sus órdenes sean debidamente obedecidas, no se entienda con el coronel Sánchez». Al terminar Maceo estas palabras, pareció que otro lance iba a surgir con el amonestado insurrecto, pero al fin se desvaneció al oírse un grito de «viva Cuba libre», que hizo volver el perdido juicio.

Su apego al orden y su reverencia a las medidas emanadas del gobierno de la República no tendrán desviaciones en el curso de su accidentada carrera. No podrán modificar su afincamiento a la disciplina la preferencia fraternal, ni el interés de la familia. En el cumplimiento del deber no tendrá recodos ni cuidas; será recto como inalterable.

Maceo, que se distingue por sus notorias conclusiones, ha de rechazar tanto el golpe de Estado como el favoritismo, que es una de las formas arbitrarias de la indisciplina. Estima que son tan desalentadoras y perjudiciales las ciegas complacencias, como las perturbaciones de la anarquía, de la que dice que «es un terrible azote que todo lo destruye y nada crea».

Maceo no sólo practica la disciplina, sino que la impone. Se le obedecía por el natural magnetismo de su persona, sin que tuviera necesidad de advertir a cada paso su imperio de jefe, ejecutándose sus órdenes y planes por la fe en el acierto de sus determinaciones. Por el cauce natural venía la aceptación de su liderazgo.

En el año 1876 se extiende una campaña en su contra, a quien muchos le reprochaban de «sobreponer los hombres de color a los blancos». La injusticia del infundio le molestó intensamente, pues jamás hizo de la pigmentación prenda de mérito, sino que, por el contrario, atendía a las virtudes intrínsecas de los hombres, practicando con sus actos lo saludable que era dar a todos, sin distinción ni favoritismo, idénticas oportunidades para destacar el valor propio. Maceo defendía al hombre de color para rescatarlo de la injusticia, pero no para crear otra pretensión, con la natural secuela de reivindicaciones y venganzas. Por otra parte, Maceo no supo de los odios que entorpecen y quiebran los pechos débiles, sino de las grandes limpiezas del espíritu y las identificaciones dilatadas que robustecen a los pueblos.

En Maceo no hay partidismo excluyente, y sí desbordamiento de igualdades que dignifican. Combatió todo cuanto fuera divisionismo y predominios de hombres.

Iba al vencimiento de España para desterrar odios y fundir vejaciones, pues su objetivo heroico tuvo todos los atributos de una absoluta redención. Contra todas las injusticias fue la plenitud de su caudillaje, y contra todos los privilegios su grandeza de Héroe. No se le busque para la tiranía de hombres o de fueros: su anatema no se hará esperar. Búsquesele para unir y para hacer hombres, que ese es su destino.

Fue víctima de la incomprensión de muchos criollos, que es el signo del hombre superior como lo fue Maceo. Se justifica después de todo. Es muy difícil a ciertos seres llegar a esas grandes elevaciones, pues la graduada exploración de los tipos comunes no está hecha para abarcarlas: se detienen en los inicios de la altura, sin dominar la coronación.

Al llegar a sus oídos la maliciosa campaña, anticubana y ligera, que negaba la esencia de su heroísmo, su reacción fue tan vívida como oportuna. Se le achacaba nada menos lo que más repugnaba a su conciencia: la prerrogativa caprichosa y el acogimiento pasional por razones étnicas, o sea, la fase más torva de la parcialidad, la racista. Él, que sabía lo rehabilitador y vindicativo que es sancionar el valor humano y el cultivo propio, no podía traicionar esa interior delicia que compensaba sus amarguras. Se sintió mortificado por esa inexactitud que sembraba destrucciones y contrariaba la diafanidad de su patriótica ejecutoria. Una de sus agonías fue la equidad, que precisamente la falsa imputación desconocía. Él, que combatía todas las transgresiones, no podía imponer otras, rasgando su propia obra y frustando su caudillaje. Se sentía, y lo era, un producto del reconocimiento, y por respeto propio se ceñía a esa ejemplaridad democrática, que descansaba en la convivencia y en la proclamación de las calidades y contribuciones individuales.

El pérfido rumor, por sus precarios fundamentos, no cobró vuelo; pero no por ello Maceo se detuvo ante el mismo, ni se bebió el dolor de la injuria, sino que se encaró con ella, elevando una razonada exposición al Presidente de la República, que ha quedado como su pensamiento definitivo en materia de tanta vitalidad ciudadana. En el documento no faltan arrestos, pero tampoco mesura, rivalizando la diáfana proyección de sus principios con el clamor de esclarecimiento del torpe infundio. Así se expresa: «...esas especies, conversaciones que verdaderamente condenaba al desprecio, porque creía que eran procedentes del campo enemigo, quien, como es notorio, esgrime y ha usado de toda clase de armas para desunirnos, y ver si así puede vencernos; pero más tarde, viendo que la cuestión como oía crece y se le daba otra forma, trató de escudriñar de donde procedía, y convencido al fin de que no era del enemigo, sino, doloroso es decirlo, de individuos hermanos nuestros, que olvidándose de los principios republicanos que deben observar, se ocupan más bien de servir miras políticas particulares». Y agrega esta arrogancia cívica: «y como el exponente precisamente pertenece a la raza de color, sin que por ello se considere valer menos que los otros hombres, ni puede ni debe consentir que lo que no es, ni quiere que suceda, tome cuerpo y siga extendiéndose, porque así lo exigen su dignidad, su honor militar y el puesto que ocupa y los lauros que legítimamente tiene adquiridos».

Protesta enérgicamente, con todas sus fuerzas, para «que ahora, ni en ningún momento, se le considere partidario de ese sistema, ni menos se le tenga como autor de doctrinas tan funestas, máximo cuando forma parte no despreciable de esta República democrática, que ha sentado como base principal, la libertad, la igualdad y la fraternidad, y que no reconoce jerarquías».

Exigía que en el caso de no existir pruebas para semejante aseveración, que se condenase «como enemigo de la República a los que tal calumnia propalaban», y que si era propósito llevarle a la impotencia moral y física, «dejándole como siempre espectador de una guerra que abrazó, con tanta fe como orgullo, por creer en la santidad de la misma», pedía el extrañamiento, pero reservándose el derecho de exponer ante el mundo civilizado su condena fraternal, desconocida por el sectarismo de algunos equivocados.

No pudo prosperar la desafortunada impugnación. Su grandeza y su vida estaban por desmentirla.

Maceo, por su postura universal, tenía que oponer a semejante falsedad, sus deseos de investigación de sus actos de guerra, y la clarificación de todos sus pronunciamientos. La prosa es valiente, como cuadra a quien estaba respondiendo por intocables austeridades.

Ratifica ante el Presidente, no sólo su credo redentor, sino el de causa revolucionaria, en la cual proclama que es imposible la permanencia de las instituciones nacionales sin el factor concordia. Si acaso tuviera necesidad de testigos, él tiene uno, que es su propia existencia.

No aceptaba la más leve sospecha, pues de antemano se declaraba libre de racismo, señalando como poseedores de ese virus malsano a los que se le imputaban a él. El énfasis de su pureza es de tal grado que no admitía más que la calumnia de sus detractores; y si su inocencia no podía prevalecer en Cuba, pedía permiso para declararla y justificarla en el extranjero. Así de limpia moralmente la considera frente a sus negadores.

Tenía que herirle la malsana especie, pues en su actuación no entra nunca el miramiento personal, y en su finalidad patriótica la omisión de hombres y servicios. La suplantación no le atrajo, y se indignaba ante el engreimiento desconocedor. Para que advinieran tiempos de cordialidad se enfrentó a los excesos y pecados coloniales, no para traer otros, sino para liquidarlos. No fue su labor guerrera para la mutación de un mal por otro, y menos para el desplazamiento étnico, que era prolongar el fatal divisionismo, sino de fecunda y honda renovación de instituciones e ideas.

Ideas y raza

Maceo estimaba que para que la justicia y la democracia existieran era necesaria plena garantía para el desarrollo de aptitudes y actividades de los hombres. Cuando decía que «había que depurar nuestros espíritus», procuraba sensibilizar al criollo a lo fraterno y humano, a fin de tener una República de hombres libres e iguales, sin más preeminencia que «la virtud que enaltece» y «el patriotismo que une».

Opinaba que la solución del problema racial de Cuba, creada por la economía esclavista, estaba implícitamente injertada en lo político, por lo que al defender la libertad de Cuba, estaba defendiendo la de los hombres de color. El programa de la revolución sostenía la unidad de todos los hijos de esta tierra, sin admitir distinciones, porque las necesidades de uno y otro cubano eran comunes, y su satisfacción tendría que ser abarcadora por indisoluble enlazamiento de intereses. Por eso, cuando en el Casino de Santiago de Cuba se le preguntó cuál sería la situación del cubano de color en la República que vendría con la terminación de la guerra, no se produjo por una exposición de derechos, ni subrayó heroísmos y sacrificios para fundamentar previas demandas de disfrute público, sino que sencillamente dijo, esperanzado en la solución de pugnas y cuestiones de predominios grupales: «...primero la independencia y después veremos».

Confiaba en la virtualidad regeneradora del separatismo, y que el hombre de color, que prodigaba sangre y vida, no sería defraudado en el Estado independiente, como no lo fue en los azares de la lucha. Con palabras sentenciosas alejó sospechas y arraigó la fe en la justicia de la República, ratificando, una vez más, su noble afán de integración de todos los factores convivientes y remitiendo la resolución de la malsana herencia colonial al fallo democrático del país.

Para él no podía haber problemas de razas, porque toda la disparidad que existía era de carácter económico, del que se derivaba el esclavismo y la subordinación del hombre de piel oscura. El cambio político, al modificar necesariamente la estructura colonial, le quitaba sus bases al divisionismo. Había coincidido con Martí sobre que fundamentalmente no hay odio de razas. Ya éste expresaba que «los pensadores de lámparas enhebran y recalientan las razas de librerías, que el viajero justo y observador cordial buscan en vano en la justicia de la naturaleza, donde resulta, en el amor victorioso y el apetito turbulento, la identidad universal del hombre».

Para él los conflictos de raza eran creaciones artificiosas que las tiranías alientan para el sojuzgamiento general, por lo que no desconfió de la democracia cubana como fuerza libertadora.

Maceo levanta su condenación contra toda medida que divida y clasifique superficialmente a los hombres, pretextando diferencias de piel; ya que, aunque esta clasificación procediera del campo enemigo o del campo insurrecto, atentaría contra la libertad de Cuba y su tono sería dominador. El gobierno colonial, para impedir aportes a la Guerra Chiquita, promulga una resolución en el mes de septiembre de 1879, prohibiendo la entrada de los hombres de color en el país.

Rechaza Maceo semejante insulto, por lo que tiene de perjudicial a la revolución y de atentatoria a la dignidad del hombre.

A Maceo, por su caudillaje y por su color, se le pedía insistentemente que adelantara el tratamiento que se le daría al cubano de color y la participación tendría en el poder, y hasta se le exigía seguridades en este delicado orden. No podía sembrar odios, ni alentar recelos malsanos, sino contribuir a la consolidación del hecho incorporativo que se inicia en Yara. Sabía que la revolución era el aporte de todos y que llevaba en sus entrañas el sentido igualitario, por lo que creyó insensato y extemporáneo demandar garantías a una situación en ciernes por sospechados incumplimientos.

Convencido de que no podía haber olvidos a quien se ofrendaba sin tasa al movimiento liberador, fiaba en la rectitud del cubano blanco el éxito de la democracia, y que la nobleza y la gratitud obligaban a seguir en la República un comportamiento acorde con la identificación de la manigua. Conocía que modificar las costumbres, desarraigar hábitos mentales y taras psicológicas, así como destruir los resabios de la separación esclavista, requerían tiempo, por lo que afirmándose en la posterior obra educativa de la República, decía a los que le trataban el significativo problema racial: «... el día después de nuestra independencia repararemos las faltas e inconvenientes que ella deje detrás; reemplacemos pues, el gobierno de España con la soberanía nacional de nuestro pueblo».

El «ya veremos» y el «reemplacemos a España» son expresiones de que no dudaba del porvenir, y que él estaría vigilante para evitar burlas y atentados a la cordialidad, mantenedora de la independencia. Estas palabras, por el prestigio de Maceo, alejaban cualquier incertidumbre sobre la conducta reparadora de la República con los hombres de piel oscura. No podía temer el futuro, que necesariamente culminaría la confraternidad cubana, desarrollada en los campos insurrectos. De ahí su urgencia por el triunfo de la revolución.

Algunos veían en su piel un peligro para la estabilidad de las instituciones republicanas, creyendo que la ambición lo llevaría a erigirse en dictador del país, con el consiguiente predominio de los hombres de color en la dirección nacional. Otros, un complejo de inferioridad. Él supo disipar las posibilidades de aquel temor, con su diafanidad y sus lecciones de acercamiento de todos los cubanos, y su refractaria decisión a la supremacía de hombres y grupos. Y en cuanto a la discriminación de que podían ser objeto él y otros, siguió una regla de vida que vació en estas palabras: «Para mí las personas quienquiera que sea, me es totalmente igual, pues la única diferencia que establezco es la que existe entre el bueno y el malo».

El general español Mella lo presenta como «el ídolo negro de la insurrección», como si el broncíneo pigmento suyo fuera para arrastrar a las masas de color en resentida y fiera acometida, cuando fue el ídolo de todos los cubanos por su genio y por su conducta siempre movida por la previsión y la cordialidad. La torva apreciación tiene la intención pérfida de darle una filiación racista a la revolución cubana, que Maceo se encargó de destruir con su impecable proceder de unidad e integración.

Maceo condenó todas las suplantaciones; la del racismo que separa y perturba, como la del privilegio asentado en la arbitrariedad. Su mulatismo lo coloca en tal equidistancia, que puede batir el prejuicio blanco y el prejuicio negro, sin crear desconfianza. Es el defensor ardoroso de los hombres de color, porque éste era el más maltratado, pero no envuelve una preferencia, sino una mayor justicia para él.

Hombre superior, sabía que lo fundamental era el desencadenamiento del hombre, y que las circunstancias de más ataduras que destruir, como había en el hombre de color, exigían más esfuerzos en el empeño. Precisamente en sortear las dificultades del adentrado prejuicio racial, es donde Maceo demuestra su capacidad de orientador y su potencia amatoria de hombre. Atacó el divisionismo y la discordia clasista, oponiendo implícitamente su mulatez como enseñanza de unión, y su conducta refrenadora de malsanos ímpetus, como índice salvador. Su historia respaldaba su inolvidable frase: «Al hombre no hay que mirarlo por el color, sino por sus condiciones morales».

Maceo no podía alentar enojos porque la esclavitud fue exterminio, pues hubiera sido hacer de la venganza una norma estable, que imposibilitaba la comunidad republicana. El pretérito no había que prolongarlo con hechos análogos, sino rectificando sus males. Por otra parte, el hombre de color no tenía que recelar de la República, por el pasado tenebroso, porque si blancos fueron los amos, también blancos los que se habían levantado por su libertad. El mismo Maceo tenía pruebas palmarias de la identificación producida por la guerra. Cubanos ricos y cultos se honraban con su amistad y devoción. Gómez lo tenía por «el más glorioso de los hijos de Cuba», por su bregar guerrero y su inmaculada ciudadanía. Martí dejó dicho de él que «con la mano de la cicatriz no aprieta mano manchada... y en su formidable marco cabe un gran corazón». Esta aproximación, borrando orígenes, le había de prestar alientos en su tarea de libertar a los hombres de la tiranía de las pasiones bastardas.

Algunos retrasados de espíritu le preguntan: «¿Que dirán, general, cuando lo vean en la República ocupando un puesto prominente? Él, que sabe que la misma no podía ser ingrata con sus forjadores, exclama rápidamente: «¡No habrá sorpresa! Ahora, mañana y siempre habrán en Cuba hombres que hagan a los de mi raza la justicia que merecen y a los míos les diré que nunca pidan nada a título de la piel; que lo pidan por las virtudes que deben enaltecerlas y por el patriotismo que debe unir a los cubanos».

En Minas de Camazón, con ocasión de celebrarse en su honor una fiesta por haber recobrado la salud de una enfermedad, sufre el general Quintín Banderas un desprecio al rehusar una señorita blanca bailar con él. No se deja esperar la protesta del zaherido mambí, que enarbola su bravura y la igualdad preconizada por la resolución, para rechazar la discriminación de que fue víctima. Maceo interviene en el momento mas grave, y manifiesta: «...Aquí no ha pasado nada: ninguna dama está obligada en contra de su voluntad a bailar con nadie». Y a Quintín Bandera lo llama y le dice: «vamos a tratar los dos de Cuba, que es lo que nos interesa... y deja el baile para otros». De esta expresión se infiere mucho. A Maceo hay que sobreentenderlo. «Tratar de Cuba» es tratar de la libertad común con sus reparaciones y excitaciones. No es el baile lo que movía la responsabilidad cubana, sino el deber de abatir la tiranía colonial, para que no hubieran en Cuba privilegios ni distingos. Tampoco podía Maceo tomar la ocurrencia de ese pasatiempo para modelar e imponer todo un tratado de universalismo político-social, que sería el fruto del servicio y la educación.

Otro hecho análogo ocurre en la Guerra del 95. Un insurrecto, con ligereza, le propone nada menos que la división del ejercito en dos bandos, uno de blancos y el otro de negros, a lo que Maceo inmediatamente le replica: «Si no fuera usted blanco lo fusilaría ahora mismo». Y agrega, marcando su grandeza perdonadora: «No quiero que me supongan tan racista como usted; la revolución no tiene color».

Maceo, usando una frase de Stefan Zweig, tenía «el fanatismo de la confraternidad».

Esta expresión de «la revolución no tiene color», es la síntesis de la cubanidad purificadora, que no alberga barreras ni repulsiones, porque su espíritu es total reivindicación a la que Maceo se mantuvo fiel, dejando oír su condenación tutelar contra las hostilidades a la coherencia de los elementos cubanos. Si la maldad asomó, haciendo surgir cierto pesimismo en su corazón, como una advertencia a la meditación y al patriotismo escribió esta frase: «¡Ojalá tengamos camino fácil hasta el fin, abrazados en la paz, después de haber sido hermanos en la guerra!».

HACIA LA PAZ DEL ZANJÓN

A mediados del año 1877, la guerra, pese a los heroísmos desplegados por los patriotas, estaba decaída, excepto en la región oriental, donde operaba con asombrosa actividad el general Antonio Maceo. Como aparición providencial se presenta en los campos insurrectos el titulado Obispo de Haití, Mr. Pepe, con la oferta de su eficaz intervención en favor de la independencia. Con el respaldo del gobierno de Haití se dirige al general Gómez, a quien propone su mediación al fin indicado. Le asegura que está autorizado por el llamado consejo de la paz, del que es miembro prominente. Gómez no le dio su aceptación, por la desconfianza que le inspiraba lo ofrecido. Muchos revolucionarios le creyeron, y le dieron su apoyo. El anhelo de libertad los hacía ingenuos. Otros, por el contrario, como el general Gómez, se mostraron incrédulos, por la condicional que ponía el Obispo para su misión: que los patriotas lo apoyaran para el Arzobispado de Cuba.

Nada se obtuvo de su mediación. Un misterio envuelve la actuación de este personaje, que se pierde repentinamente en la escena, de la misma manera que apareció con su imprevisto ofrecimiento. Todo indica que fue a los rebeldes para sondear su espíritu de lucha, por orden del gobierno español; pero el ladino emisario quiso aprovechar su intervención para tratar de conseguir la posición de Arzobispo de Cuba. Las autoridades españolas, al conocer cómo se habían conducido con los cubanos, así como del documento de éstos demandando como fórmula de arreglo la independencia, no lo acogieron después con los requeridos miramientos de Obispo. Se estimaron burlados por el que ellos habían utilizado para inquirir el estado de ánimo de los patriotas. El raro hombre salió de Cuba con las antipatías de uno y otro bando.

Otra herida en combate

Un golpe recibe la guerra, de por sí débil. Maceo fue sorprendido en una emboscada puesta por la infantería del Mariscal de Campo José

Varela, en el mes de agosto de 1877. En uno de sus recorridos, fue tiroteado desde las tupidas malezas, saliendo de las mismas el enemigo. Maceo clava su caballo y revólver en mano se lanza sobre los que tratan de circundarlo. Entre el humo de las mortíferas descargas se le ve saltar, desbocándose el caballo. Sus compañeros le siguen con la vista. Aquello parecía una fuga, inconcebible en Maceo; pero no, el cuerpo del Héroe cae, rodando por tierra. Los patriotas corren en cuanto lo ven, y cuando llegan al sitio donde se halla, retroceden espantados... ¡parecía muerto! Uno de los presentes exclamó: «¡Murió la revolución!»

Había recibido multitud de heridas en el pecho, antebrazo y mano derecha. Su hermano Tomás es el que lo recoge, y al advertir alguna señal de vida, lo lleva al Dr. Figueredo, que se hallaba cerca. Poco a poco, con el auxilio del agua fresca, se animan las facciones del Héroe, hasta que vuelve en sí, pero sin concebirse esperanza de salvación. Contra el facultativo pronóstico de muerte, aquel hombre de acero a los pocos días estaba fuera de peligro. Sus heridas le obligan a permanecer en una camilla, que sus ayudantes suspenden, marchando con ella cuando las circunstancias lo requerían.

El Dr. Figueredo lo asiste, y su esposa María Cabrales sirve de enfermera, hasta su sanidad completa. El general Gómez se hace cargo de las fuerzas por la baja de Maceo en el mando. Gómez estaba muy preocupado, ya que la muerte de Maceo habría afectado mucho a su corazón, pues la amistad más íntima y fraternal los había unido, y porque sería fatal a la guerra la falta de su Héroe insigne. Le escribe a Figueredo, interesándose por el herido, y le dice que está dispuesto a cubrir los caminos que fueran necesarios para trasladarlo al lugar o lugares dispuestos para su curación. Le encomienda que comunique a Maceo que por su salvación está presto a cualquier sacrificio, y concluye con esta exclamación: «¡Ojalá que un poco de mi sangre pudiera servirle de bálsamo prodigioso!».

Figueredo comunica a Gómez el estado de Maceo, que califica de muy grave, temiendo por un fatal desenlace. Le dice que las heridas del pecho no supuran y que son penetrantes, con un pulmón atravesado, y que suman cinco. Que en la mano derecha hay tres heridas con síntomas de gangrena.

Las fuerzas españolas siguen el rastro del herido para hacerlo prisionero, ya que sería la presa más valiosa de la guerra. Al conocer su hermano José la persecución de que era objeto, y que podía caer en manos del enemigo, salió con doce rifleros, constituyéndose en su defensor encarnizado. Durante diez días consecutivos mantuvo a raya a los dos mil hombres que por todas partes olfateaban al herido. Al pie de la camilla iba, sin separarse un momento, la esposa María Cabrales, que no temía el peligro del constante acecho de los españoles, que no desistían de capturarlo. Para que esté en un sitio resguardado y seguro lo trasladan a Loma de Bío, pero el enemigo hasta allá va. Asaltan el refugio, teniendo Maceo que cambiar de campamento constantemente, para despistarlos.

A veces él mismo dirigía, desde la camilla, las operaciones. Durante muchos días se mantuvo en esta situación. En el ataque de los españoles a Loma de Bío, pudo burlarlos, ordenando que le situaran un caballo en una vereda conocida, a donde mandó un grupo de rebeldes. Los españoles, creyendo que allí estaba Maceo por el aparato que se hacía, acometieron al grupo, lo que aprovechó Maceo para salir; y mientras esto ocurría, con sorpresa de todos y a pesar de las graves heridas, Maceo montó a caballo, desapareciendo entre el continuado tiroteo. Después de quince días de afanosa búsqueda, sólo pudo el Mariscal llevarse la camilla. A su intrepidez y resistencia física debió el haberse escapado del cerco peligroso. María, después, conminó al general José María Rodríguez para que salvara al general Maceo de las numerosas fuerzas que aún continuaban buscándolo. Rodríguez con sus ataques continuados pudo desviar la tenaz persecución.

Martínez Campos, el Capitán General de Cuba, escribía a un alto personaje de las Cortes Españolas, sobre el suceso que creyó habérsela con un mulato estúpido, con un arriero rudo, pero que se lo encontró transformado no sólo en un verdadero General, capaz de dirigir sus movimientos con tino y precisión, sino en un «atleta que en momentos de hallarse moribundo en una camilla, es asaltado por las tropas y abandonando el lecho se apodera de su caballo, poniéndose fuera de peligro de los que le perseguían».

El gobierno de España está preocupado por la suerte de la guerra de Cuba, que se ha extendido cerca de diez años, con pérdidas de millares de vidas y fortunas, sin que la política de fuerza utilizada diera los resultados apetecidos. Varió de opinión y para liquidar la contienda de tan larga duración, designó al general Arsenio Martínez Campos con amplios poderes para negociar con los cubanos la paz. Era Martínez Campos la figura más destacada de España. Él era quien proclamó en Sagunto, en 1874, la elevación al trono de Alfonso XII, que pudo imponer con sus éxitos militares.

La situación de los patriotas no era muy ventajosa, pues sólo unos cuatro mil hombres estaban en el campo revolucionario, mientras que el gobierno español disponía de unos cien mil soldados. Inmediatamente inició su política de apaciguamiento, que había de conducir a la Paz del Zanjón. Martínez Campos actuó con habilidad, y los sucesos se van prestando para que el éxito corone sus esfuerzos. Maceo es el que se mantiene reacio a todo arreglo de paz, que no sea con la independencia.

Mientras el Pacificador, como se le llamaba a Martínez Campos, hacía su acercamiento, Maceo se enfrenta con el enemigo y da el combate de San Ulpiano que dura tres días, hasta la víspera de la firma del Pacto del Zanjón, que pone termino a la guerra, por lo menos oficialmente. En esta batalla derrota al batallón de San Quintín. Maceo, ante el enemigo copado por sus fuerzas, le insta a una rendición honrosa, a la que contestan los soldados españoles con vivas a su patria. En un apretado círculo se defienden y resisten las cargas al machete, sin que la acción diezmadora de los cubanos, haga titubear a los que quedaban en pie. Tanto valor hace exclamar a Maceo: «¡Nunca diré que viva España, pero sí puedo gritar que vivan los valientes de San Ulpiano!».

El Pacto del Zanjón

Decaída la revolución por las deserciones de grandes grupos en Camagüey y Las Villas, el Presidente de la República suspende las hostilidades, y para hacer posible la paz, deroga el decreto Spotorno, del anterior Presidente, que impedía toda negociación con el enemigo que no fuera a base de la independencia de la patria. La Cámara y el Presidente renuncian, quedando constituida una comisión integrada por siete miembros para llevar a efecto los contactos y acuerdos.

El 10 de febrero de 1878, se firma en Zanjón, pueblo de Camagüey, la paz que lleva su nombre. En el convenio se aceptaba para Cuba el otorgamiento de las mismas condiciones políticas y administrativas que disfrutaba Puerto Rico; la concesión de un indulto general; la libertad de los esclavos y colonos asiáticos que se habían levantado en armas; la exención del servicio de la guerra a los capitulados quienes, si así lo deseaban, podían abandonar la isla, con la obligación el gobierno de proporcionarles los medios para ello; la capitulación de las fuerzas en despoblado; y la apertura de las vías de mar y tierra para facilitar la avenencia de los demás departamentos.

El mismo día que se firmaba el convenio, en Llanada de Juan el Mulato, Maceo ataca con sólo sesenta hombres a los españoles, obteniendo un triunfo, lo que deslució la paz que se había hecho en el Zanjón.

Maceo sigue en guerra

Maceo quería que se conociera de manera elocuente que la terminación de la guerra no era aceptada por todos los cubanos, pues quedaban muchos patriotas dispuestos a defender y morir por la libertad de Cuba.

El general Martínez Campos, que había conseguido el propósito inmediato de su misión con el aludido pacto, y acaso creyendo que la aceptación era uniforme, le decía al Ministro de la Guerra que ya imperaba la paz en el país, aunque la lección había sido dura, esperando que la misma sirviera de provecho para unos y otros. Reconocía que la guerra tenía por motivo el incumplimiento por España de sus promesas políticas. El representante de la Corona de España pinta la situación de Cuba y sus dolencias con gráficas palabras. Así termina su carta: «.... Mientras la isla no tuvo gran desarrollo las aspiraciones estaban contenidas dentro del amor a la nacionalidad y del respeto a la autoridad; pero cuando un día y otro sin que las esperanzas se satisficieran, sino que por el contrario la mayor o menor expansión que se concedía por alguna que otra autoridad era acogida con exceso por la que le sucedía; cuando se convencieron que seguía así la colonia; cuando los malos empicados y la peor administración de justicia agravaban más y más las dificultades; cuando los Capitanes de Partido rebajándose cada vez más vinieron a parar a gente sin instrucción ni educación, y que eran unos reyezuelos tiránicos que podían ejercer sus dilapidaciones, y tal vez sus vejaciones, por la distancia que residía la autoridad superior; el espíritu público hasta entonces contenido lo hizo desear con vehemencia esa libertad».

En esa carta, el Pacificador reconocía que el régimen colonial se hallaba desbordado de concupiscencia, ineptitud y terror, justificando la contienda armada y la repulsa de las conciencias limpias.

El ex Presidente de la República, general Vicente García, al retirarse de Camagüey, después del Pacto, hacia Victoria de las Tunas, a fin de intervenir en la capitulación de las fuerzas de esa comarca, se encontró en Guantánamo con el general Francisco Borrero, quien hace conocer que en Oriente se sigue luchando, y que Antonio Maceo no deponía las armas. García se quedó perplejo, pues había creído que era general el acatamiento de la paz acordada.

En efecto, bajo el estímulo de Maceo todo Oriente estaba inconforme y airado. García, rehecho de la sorpresa por la noticia de Barrero, le dice que si esta provincia no aceptara el Pacto, él seguiría en guerra. Así lo hizo García, figurando, más tarde, en el Gobierno Provisional que se formó a continuación de la llamada Protesta de Baraguá.

En virtud de la paz de Martínez Campos, los españoles habían entendido que ya no existían hostilidades. Uno de los jefes le comunica a Maceo, quizás ignorando como pensaba éste, que sus hombres no cumplían dicha suspensión, deslizando ciertas amenazas por semejante incumplimiento. El Héroe, que a nada se había, obligado, le contesta en tono fuerte que no se podía someter a lo que el no había convenido, «y que podía hacer lo que tuviera por conveniente».

Hecha la paz, Maceo no admitía que su amigo Gómez se sumara a ella. Conocía su carácter irreductible, y le era muy duro creer en la mudanza que significaba aceptar el convenio con España sin la independencia, para él inacorde con su temperamento e historial. Aunque el general Gómez había sufrido algunas irreverencias de los revolucionarios, ellas no podían explicar un cambio de esta naturaleza a los ojos de Maceo, por lo que se extrañó de que se atribuyera a Gómez por conforme con el aludido tratado.

A su médico Figueredo le preguntó si era cierto o conocía algo de lo que circulaba a este respecto. Parece que él sabía de la determinación adoptada por Gómez, pero se limitó a decirle a Maceo: «General, yo sólo respondo de mi persona». Tales palabras enojaron a Maceo, que se retiró del lugar sin articular ninguna palabra. En su rostro no se ocultaba el desagrado que le había producido la duda sobre la rebeldía de Gómez y su consecuencia política.

Más tarde recibe una carta de manos de una joven negra, de parte del general Gómez, en la que le decía que habiendo cesado los poderes públicos de la República, se creó un comité, que lo había designado a él y a dos patriotas más, el general «Mayía» Rodríguez y el Comandante Collazo, para darle cuenta del Pacto. Maceo al leer la carta llamó a Figueredo y lo estrechó, diciéndole que no había tenido razón en incomodarse cuando dijo que de nadie respondía. Se lamentó Maceo de la actitud de su amigo entrañable, y de que mientras se hacía el Pacto él estuviera luchando, exponiéndose a las balas enemigas. Tuvo esta frase de condenación: «Muchos compañeros han muerto en estos días, y yo que tengo el pecho sembrado de balas españolas».

Entrevista con Máximo Gómez

El 20 de febrero de 1878 se veían en Pinar Redondo la comisión, con Gómez al frente y Maceo. A Gómez, por su autoridad le tocó explicar las razones del Pacto, que no eran otras que la desunión de sus hombres y la carencia de pertrechos. La situación de Gómez era difícil frente a su amigo, por la disparidad de ambos en cuanto al juicio que le merecía la contienda libertadora en aquellos momentos. Abundó en las causas de materiales desventajas y las discordias que postraron el movimiento, cuya dolorosa realidad obligaba a admitir el término de la lucha. Una palabra mal dicha o de interpretación dudosa podía herir a aquellos dos hombres, que fueron cordiales compañeros en la vida azarosa y espectacular del monte, y unidos por afines gestos y afectos profundos.

Una vez que Gómez le expuso la imposibilidad de seguir la contienda, por los apuntados motivos, Maceo le manifestó que no comprendía la razón del Pacto, y que, en cuanto a la falta de armamento, sus recientes victorias explicaban cómo podían conseguirse y servían de aliento para proseguir combatiendo. Dentro de la mayor armonía se desenvolvió la entrevista, no obstante la divergencia de opinión que separaban a los dos líderes. Maceo precisó sus ideas en el sentir de que con las fuerzas existentes y con hombres como Gómez, no había porque rendirse al gobierno español, destrozado por sus propias torpezas y corrupción. Le pidió Maceo que no lo dejara «solo en la guerra que iba a emprender contra España».

En la entrevista no hubo acuerdo. Maceo no aprobó el pacto de paz. Gómez dejó oír palabras sobre el valor de Maceo, y que serían inútiles todos sus esfuerzos, por heroicos que fueran, pues la guerra estaba herida de muerte. Aquella noche la pasó Gómez en el lugar donde estaban la esposa y madre de Maceo. Al día siguiente los dos caudillos se despidieron con emocionantes frases.

El estado de insubordinación por el localismo enseñoreado, hizo exclamar a Gómez, un tanto decepcionado, «Cuba no quiere ser libre». Maceo, que es la gallardía bizarra y el sostenedor del orden y la disciplina, tiene una frase que refleja su decisión libertadora «¡Hay que vencer!».

Maceo es el optimismo mantenedor de todas las posibilidades; Gómez la realidad amarga que acepta la desventura de la impotencia. En el fondo, dos buenos y desinteresados patriotas, a quienes sólo distancia la apreciación del instante decisivo que vivían. Gómez, con fría certeza, enjuiciaba la insurrección. Maceo la veía al través de su afán justiciero y fervores invencibles.

Había algunos jefes españoles que a su modo querían servir al Capitán General de Cuba en sus empeños pacificadores. Uno de ellos fue el general Barges, hombre inhábil y poco intuitivo, que creyó que podía vencer la resistencia de Maceo usando de la intimidación. Al objeto le escribe en el sentido de que le convendría para su seguridad aceptar el Pacto, así como la de los suyos. La reacción de Maceo no se deja esperar, contestándole con estas palabras: «... A los hombres de mi temple no les arredra ninguna situación por difícil que sea. Dejemos las cosas al tiempo. El futuro, como el pasado, será el mejor testigo. Es que no conocía a Maceo, invulnerable al miedo.

El pacto acordado en el Zanjón era mortal a la revolución, por lo que Maceo, por los abandonos de muchos patriotas, prohibió a los insurrectos todo contacto con el enemigo, para de esa manera evitar que los indecisos dejaran el campo revolucionario, reviviendo el derogado decreto Spotorno.

Muchos soldados y jefes valiosos se habían acogido a la legalidad española, y como a ciencia cierta Maceo no conocía el número exacto de hombres con que contaba en su nueva aventura, necesitaba tiempo para reorganizar las fuerzas y adoptar un plan de campaña. El doctor Figueredo le propone para tal fin que interese una tregua con el Capitán General, la que le daría tiempo suficiente para esa tarea. Maceo aceptó en parte la idea, pues también quería conocer el alcance de las atribuciones de Martínez Campos y qué ventajas se ofrecerían a los orientales; por lo que recaba la suspensión de las hostilidades y la celebración de una conferencia. En la carta que le remite, a nada más se compromete Maceo, aunque hace resaltar que todos los cubanos «desean la independencia absoluta, porque favorecidos por sus condiciones físicas y morales, se creen capaces de prolongar indefinidamente la guerra». Martínez Campos le contesta inmediatamente aceptando el cese de la lucha y la conferencia, «con las mejores formas».

La suspensión de las hostilidades fue quebrantada por el Brigadier González Muñoz, jefe español de la zona de Mayar, el que emprendió varias operaciones haciendo algunos prisioneros rebeldes. Es ahora Maceo el que obliga al cumplimiento del acuerdo a este respecto. Ordena a Figueredo que le comunique a dicho militar que ha violado las disposiciones de Martínez Campos, y que lo invite, como cubano que es, a que se traslade a las fuerzas cubanas, para que se conozca cómo se cumplen sus órdenes.

González Muñoz arrepentido de su proceder, fue a ver personalmente a Maceo, quien le censuró su conducta. El Brigadier dio toda clase de explicaciones, expresándole que ya había puesto en libertad a los prisioneros, rogando que lo disculpara; y que deseaba tener la gloria, como cubano al servicio de España, de presentarlo al general Martínez Campos. Maceo le contestó que ya llegaría el momento en que conocería al Capitán General de Cuba, y que para ello se entendería directamente. El desairado Brigadier se marchó bajo el peso del sonrojo, no sin antes ratificar sus excusas por haber roto las suspendidas hostilidades con lamentable ligereza.

Mientras tanto, el general Gómez se disponía a dejar a Cuba, y para que Martínez Campos le facilitara los medios para su traslado al extranjero, se entrevista con éste el 27 de febrero de 1878 en Vista Hermosa. Martínez Campos se mostró muy deferente con Gómez y alabó las valiosas condiciones de los soldados rebeldes, de cuya bravura tenía pruebas enaltecedoras. Máximo Gómez agradeció tales encomios y seguidamente le hizo saber el objeto de su visita, que no era otro que procurar un barco para ausentarse de la isla.

Martínez Campos trató de convencer a Gómez que se debía quedar en Cuba para que lo ayudara en la labor de reconstrucción del país, a lo que se negó firmemente. Insistió el Pacificador, diciéndole que le quedaban en la caja del tesoro público unos quinientos mil pesos en oro para ofrecérselo como gobernante o amigo. Gómez rechazó indignado la oferta, diciéndole que sus andrajos eran su riqueza y su orgullo, y que como caído sabía respetar el puesto que había ocupado en la revolución. Después de estas palabras reinó un silencio profundo. Martínez Campos lo rompió, brindándole un buque de guerra para su traslado a Jamaica, no sin antes pedirle que le dejara como recuerdo del acto, para él memorable y significativo, un pañuelo que vio en sus botas. Días después, Gómez dejaba «aquella tierra en que se había formado tantos ensueños de gloria y teatro de tantas desventuras».

Los elementos revolucionarios de Las Villas le piden a Maceo una entrevista, después de la que habían sostenido con Gómez. El Héroe, que no sabe de contemporizaciones, pues lo único que exigía y admitía era sumarse a la guerra sin concesiones, rechazó oír a los cubanos de esa región, que estaban en tratos con el Pacificador. Al representante de esos villareños le dice de su negativa y al mismo tiempo le manifiesta que si la entrevista es para descargar su conciencia del peso que le abruma por la conducta observada, la patria tendrá oportunidad, y acaso en no lejano día, su tribunal donde será fácil hacerlo. A Maceo sólo se le podía ver para pelear, como él decía, por la redención de Cuba, jamás para arreglos ni lamentaciones estériles. Con intransigencia patriótica cerraba todo acercamiento con los que habían depuesto las armas, disponiéndose a la nueva lucha, con el ardor y el desinterés de siempre.

Foto del general Antonio Maceo Grajales:
La carrera militar de Maceo es una carrera de triunfos que lo llevan de soldado raso al de General por su temeraria acometividad, su inteligencia nada común y la rectitud de su carácter, que le ganaba el aprecio de sus jefes y la lealtad de sus subordinados. Participó en cientos de combates y murió en San Pedro de Punta Brava el 7 de Diciembre de 1896, en un encuentro con tropas al mando de Cirujeda.

LA PROTESTA DE BARAGUÁ
Los últimos días de la Guerra del 68

Martínez Campos aceptó la entrevista por ganarse a Maceo, que según su manifestación a Jovellar era la clave de la independencia. Creyó que fácilmente podía atraerse a Maceo con la simple entrevista, por «la vanidad extrema» de éste, que consistiría en tratar personalmente con él, como representante de su Majestad, y no mediante los cauces del gobierno de la República. La apreciación a este respecto es notoriamente equivocada. Otro error sufre Martínez Campos, al estimar que «dada la influencia de Máximo Gómez sobre Maceo, ganando al primero con dinero, el segundo cederá» (Carta de Martínez Campos al general Prendergast).

Gómez demostró su probidad en Vista Hermosa, rechazando el oro que le ofrecía Martínez Campos, a pesar de su extraordinaria pobreza. Y, por otra parte, Gómez no podía decidir la conducta del Héroe respecto al Zanjón, como los ulteriores acontecimientos evidenciaron. Maceo admiraba y quería a Gómez, pero era de imposible manejo su voluntad. Fue una doble equivocación que pone en duda la perspicacia que se le suponía a Martínez Campos.

Maceo, en cuanto a su carácter, no era hombre de vanidad, pero sí orgulloso, que es distinto. El orgullo es atributo de los hombres de integridad y mente lúcida, en que el conocimiento exacto del valor positivo exagera el amor propio. La vanidad, por el contrario, es cualidad de las almas pobres, que intentan elevar la insuficiencia a una ilusoria grandeza. El hombre orgulloso inspira siempre respeto, mientras que el vanidoso produce lástima. Del primer tipo era Maceo.

El Héroe no habría de concurrir a una entrevista por el torpe deseo de estrechar, sencillamente, la diestra del mandatario de la Corona de España. Sería desconocer la estimación profunda que sentía por su persona y destino redentor, para que el exhibicionismo le pudiera inspirar una aparatosa deposición de su afincada postura. La enterza de su carácter excluía estas zonas ridículas.

Martínez Campos, reconociendo su error, le dice a Cánovas del Castillo, días después de la entrevista de Baraguá, frente a las dificultades creadas por la inconmovible posición de Maceo: «Difícil está la situación de la isla para que tenga arreglo. Ahora manda un mulato que de arriero se ha convertido en general, que goza de mucho prestigio y que es muy querido». Ya anteriormente le había expresado a José Lacret el concepto elevado que de él tenía y que era «grande la admiración que le inspiraba».

Baraguá es el hecho más soberano de la vida de Maceo, por su alta valoración ideológica y patriótica. Los antagonismos y las incertidumbres, por una lenta y fatal labor subterránea, llevaron al vencimiento de la paz firmada en el Zanjón, que fue coyuntura para que Maceo fijara su decisión personal y los empeños trascendentes de la revolución.

Maceo creyó inconcebible la paz convenida, porque veía la guerra emancipadora al través de su entusiasmo transformador, si se quiere hiperbólico, pero que sirvió para destacar su postura centralmente rebelde. Maceo, con la frase indispensable y la actitud cerrada, sostuvo que no podía haber fracaso de un pueblo que durante diez años —rivalizando la privación con el heroísmo— mantuvo el pendón de la rebeldía redentora, haciendo de la impotencia plenitud combativa.

No encontraba en la prosa rebuscada y un tanto incolora, suscrita en el célebre rincón camagüeyano, justificación al cese de la contienda, viéndola desde el ángulo de la imposibilidad material de su continuación, o desde el otro de las concesiones otorgadas, muy distantes del programa básico de la revolución, por lo que opuso al convenio su coraje temerario para atraer a las huestes cubanas a la unanimidad de la lucha. No había de importarle que ésta no pudiera continuarse, por lo que Baraguá queda como un reto y una salvación.

En el desarrollo de los hechos de la guerra, el Zanjón representa el pesimismo que rinde, mientras Baraguá es el afán heroico. La fe frente al desfallecimiento. El fervor desconociendo lo protocolario. Maceo veía la revolución al través de su optimismo personal: los suscribientes del pacto valorando las desventajas de la realidad. De un lado cansancio; de otro, determinación. Si el Zanjón cierra la guerra, Baraguá abre una tregua. Con el primero el cubano se resigna, con la protesta acopia fuerzas. El Pacto es la frialdad del fracaso; la protesta, el ahinco emocional. Esta emplaza al enemigo; aquél acepta la fatalidad del agotamiento. Baraguá y el Zanjón se traducen en desafío y abstención, respectivamente. La rotundidad frente a la negación.

Su gesto no es una imprevista revelación, sino una consecuencia de su vida. Le hace tal efecto el convenio, que ha de decir, años después, enlazando estrujamientos afectivos, que tres veces en su angustiada vida de revolucionario ha sufrido las fuertes y tempestuosas emociones del dolor y la tristeza, «la muerte de su padre, el Zanjón y la muerte de su madre».

Los provechos del Zanjón, pregonados por el gubernamentalismo español, no aparecen a los ojos vigilantes de Maceo, y si lo deprimente y claudicante de la aceptación del continuismo colonial, cuando su fin depende del propio cubano, con sólo unirse y sentir como propio el agravio de cuatro siglos de tiranía. Para Maceo lo único bueno del Zanjón, y eso relativamente, fue la libertad de más de dieciséis esclavos, según carta a Gómez de 6 de febrero de 1880.

Su intransigente posición independentista ha de tener en Baraguá la prueba ratificadora, colocándolo en la primera línea de la insurgencia. El rango superior es suyo por derecho propio. Al heroísmo se une la acción cívica para que aparezca como la más excelsa encarnación del patriotismo, que la adversidad enardece.

Gran expectación había de despertar, como despertó, el anuncio de la entrevista entre el bravo mambí, que se apartaba de lo que se creía un convenio general y la figura máxima de la España metropolitana.

Había la morbosa curiosidad de ver cómo se comportaba el arriero que ahora monopolizaba la insurrección, frente al Capitán General de Cuba, y qué argumentos aduciría para mantener sus ideas frente al talento y la habilidad del académico militar, escudado en la vigencia del Pacto. El acto, pues, entre el reacio criollo, elevado desde la penumbra social a la cumbre, y el Pacificador, precedido de fama y oropeles, tenía que concentrar el interés público, ansioso, más que nada de conocer la resolución que adoptaría Maceo.

Algunos individuos del bando español, que no conocían a Maceo, y que no habían medido su calibre moral, y por resistencia emotiva negaban caballerosidad a los insurrectos, remiten al general Martínez

Campos un escrito sin firma alguna, con estas palabras de prevención: «No acuda usted a la entrevista con el mulato Maceo, porque será asesinado». El general español acogió con una sonrisa el aviso mortal, y sin darle crédito lo hundió en sus bolsillos, cuyo hecho, mudo y convincente, era la afirmación de que creía a Maceo incapaz de tal felonía. Tenía referencias de su pundonor y, como militar honorable, Martínez Campos sabía que el que se bate arrostrando peligros, día a día, sin temer a la muerte, como lo hacía su oponente, no se aprovecha de la traición para realizar en la sombra de la conjura lo que no se ha podido hacer en la lealtad del combate. Su actitud, pues, sin proferir una frase que menoscabara la honorabilidad de Maceo, y excluyendo la posibilidad de una coartada, dice cuál era el concepto que gozaba el Héroe en las filas hispanas. El adversario que francamente pedía una entrevista, y que tiene la paridad de la lucha descubierta, no podía empañarla con el crimen.

Por el campo insurrecto prendió la idea nefasta de atentar contra el general Martínez Campos, aprovechando la reunión de los dos líderes. A Maceo llega el rumor de la trama, en la que se hacía intervenir, nada menos que a un cubano como Flor Crombet. A él se dirige Maceo, expresándole que semejante hecho no es digno de hombres como él. Y agrega: «... Cuando supe tal cosa me llené de indignación, porque veía que esos señores apelaban a un medio poco honroso; tan cobarde proyecto era el único trabajo que habían hecho en la campaña, combinar un plan para asesinar al contrario, sin exponer la pelleja. Llenome de indignación cuando lo supe y dije que el hombre que expone el pecho a las balas, y que puede en el campo de batalla matar a su contrario, no apela a la traición y a la infamia». Y agregó como apóstrofe final: «Yo no quiero la libertad si a ella va unida la deshonra».

Como el Bayardo, era un caballero sin miedo y sin tacha.

La entrevista de los Mangos de Baraguá no podía ser un evento favorable para perpetrar un acto reprobable, sino para fijar criterios sobre la paz, y exponer la decisión libertadora del nativo. Se había interesado el Capitán General y la aceptó, confiando en el honor de Maceo, que no permitía que se quebrantase con la apostasía.

Sirvió la frustrada intentona eliminatoria para que Maceo sentara como código de honor de los revolucionarios: la bizarría en la tregua como la tenacidad en la lucha.

Maceo exigía que los cubanos estuvieran a la altura de la confianza depositada, porque nada obliga tanto a la gentileza como el crédito otorgado al compromiso de la discusión pacífica y así lo exigía como reciprocidad ciudadana. No podía permitir que una ignominia sirviera de epílogo a la contienda de diez años y que al sacrificio siguiera la mancilla.

Al general Martínez Campos llegó días después de la entrevista de Baraguá, en el que no hubo entendimiento, todo el lamentable incidente, y no pudo por menos, bajo la emoción de la nobleza, que hacerle llegar a Maceo que su carta a Flor había caído en su poder, y que, impuesto de su contenido y vivamente impresionado por «los sentimientos caballerescos que en ella manifiesta», era su deseo «tener la ocasión de estrechar su mano, pues había sido un enemigo leal».

Preocupado por el hecho de poseer su adversario la carta a Flor, por las apreciaciones que pudiera fabricar la suspicacia, opacando su hidalga pulcritud, le remite al general Martínez Campos unas líneas aclaratorias sobre que ha sentido mucho que ese escrito haya caído en su poder, porque pudiera alguien creer que quiere justificarse después de haber hecho la guerra al gobierno de España; y que él jamás adjurará de los principios que hasta ese día ha defendido.

A eliminar equívocos iba la carta aludida, sin que se necesitaran más razones para obtener el esclarecimiento de su austera conducta, porque mediaba su vida insospechada.

El criollo, como el general español, eran dos hombres íntegros y sensibles a la cortesía, sin que ninguno hiciera del engaño escala del éxito. En la guerra de independencia, el corresponsal neoyorquino, Eugenio Bryson, propuso a Martínez Campos el asesinato de Maceo, a lo que respondió, teniendo presente el episodio relatado: «...si de esa manera tengo que deshacerme de Maceo, éste vivirá toda su vida». Correspondía a la grandeza de ánimo de su adversario.

Baraguá

En las sabanas de los Mangos de Baraguá, el 15 de marzo de 1878, por la mañana, tuvo efecto la reunión de los dos grandes jefes, bajo el follaje protector de un corpulento mango. Cuando aparece el general Martínez Campos, seguido de los Brigadieres Polavieja y Narciso Fuentes y de otros militares, lo primero que hace es preguntar quién era de los presentes el señor Maceo. El tratamiento no agradó al Héroe, lo que se retrató en su ceño, no por vanidad personal, que en él no existía, sino porque consideraba que la omisión de su grado militar, obtenido peleando sin descanso contra la Metrópoli, envolvía el desconocimiento de la beligerancia de Cuba. Este «señor» desnaturalizaba la entrevista, que era entre dos entidades combatientes, la una representada por el Capitán General de Cuba, y la otra por la figura máxima de los rebeldes, el Mayor General Antonio Maceo. El hecho de la reunión llevaba la tácita confesión de la beligerancia. Maceo es quien se presenta con estas palabras de elevado énfasis: «yo soy el general Maceo», queriendo decir al destacar su grado, que allí estaba la revolución cubana, hablando por su más excelente producto, por el general Maceo.

En Baraguá iba a defender los dos grandes principios de la revolución, la independencia y la abolición de la esclavitud, o sea, lo más trascendental del movimiento insurrecto, cuyos pormenores dejaba a las deliberaciones y consultas democráticas, como labor incita de la paz. Maceo, que no sabe de rodeos ni dilata las soluciones, pues él estaba formado para el hecho dinámico y la franqueza fijadora, llevó a la conferencia el exacto pensamiento revolucionario, en sus grandes síntesis. Frente a los envolventes manejos diplomáticos estaba la franqueza hosca y demoledora. Frente al halago, que no es más que el rodeo a lo fundamental, la sinceridad rectilínea. Al vacío de fórmulas inconcretas, la claridad de positivas peticiones. Lo perentorio frente a la disgresión. Eso fue Maceo ante Martínez Campos.

Maceo directamente declara al comisionado español: «...Los orientales no estamos de acuerdo con lo pactado en el Zanjón», y seguidamente expresa: «lo que deseamos es la independencia y la abolición de la esclavitud». Martínez Campos lanza a los cubanos esta interrogación: «¿pero es que ustedes no conocen las bases del convenio?». Maceo, que lo rechazaba por no contener esas dos grandes demandas, exclama: «Sí, y porque lo conocemos es que no estamos de acuerdo con ellas». Y prosigue: «guarde el documento; no queremos saber de él...».

Ante estas decisivas declaraciones que no podía eludir, tuvo el Pacificador que dejar la fraseología puramente formalista, y decir que «esos asuntos tan importantes no dependían de él». El acuerdo, pues, era imposible. Maceo exigía lo que el Pacificador no podía otorgar, por lo que el rompimiento era cuestión de minutos, por la difícil coincidencia de criterios. Cuando Maceo hace hincapié en que las bases del pacto eran inaceptables por no otorgarse esas demandas, Martínez Campos vuelve a su estudiado método de la lisonja personal, sin que pueda modificar la exigencia del bravo mambí, que con una frase lo desarma totalmente: «es inútil». Una vez pronunciada esa frase que irradiaba limitaciones a la precisa exigencia de Maceo, se había esfumado toda posibilidad de convenio basado en renuncias cubanas. Martínez Campos, un tanto adolorido, exclama: «...es decir, que no nos entendemos». A lo que replica Maceo: «No nos entendemos».

La conferencia había terminado. Con Maceo estaban su hermano José, el general Calvar, el Dr. Figueredo y otros insurrectos más. En los cubanos imperó su espíritu democrático, pues intervinieron en la discusión, a más del Héroe, Calvar y Figueredo, aunque Maceo se reservó para las decisiones, como cuando Martínez Campos quiso apelar a la oficialidad criolla que estaba presente para resolver la paz, replicándole Maceo: «Es inútil; soy el eco de los jefes y oficiales que me rodean».

Allí quedó sepultado el llamado convenio del Zanjón. El «no nos entendemos», salvó la guerra iniciada en el 68. El Héroe había dicho en Baraguá por su boca cuáles eran los objetivos de la revolución: independencia y emancipación; pero también había dejado constancia de que Cuba, hasta tanto no consiguiera su libertad, seguiría luchando por su triunfo, no importando deserciones y derrotas circunstanciales, que no podían abatir la tenacidad del propósito libertador. Su inconformidad al Zanjón le dio al mismo los atributos de un descanso, ya que Maceo rasgó cuanto fuera sometimiento y significara perpetuidad española. Había sido explícito y terminante, sin permitir que la reserva formara conjeturas o deducciones contrarias a la conducta que informó la protesta y sus finalidades patrióticas. Su actitud tan digna como diáfana, dejó en el ánimo español, atónito ante la severidad de Maceo, la amenaza de que no descansaría el afán separatista, ya en el campo, ya en la emigración, sin importar tiempo ni sacrificio, hasta que llegara el cumplimiento cabal de la liberación de Cuba, con lo que vendría el desarme material y espiritual del rebelde criollo.

El Zanjón queda como el inicio de un paréntesis, que se cierra con la guerra del 95. Sin la protesta no hubiera podido decir Martí al mundo en su manifiesto de Montecristi, que la lucha que iba a comenzar era la continuación de la del sesenta y ocho. La guerra de los diez años tiene una extraordinaria significación en la Historia, porque obligó a España a conceder algunas libertades, al quedar en potencia el peligro de la guerra. Al amparo de esas libertades se formó el Partido Liberal, cuya intensa propaganda reafirmó que la contienda armada era la solución cubana, que es la misma que Maceo grabó con su protesta, por la resistencia de España a implementar la autonomía que dicho Partido propugnaba.

Bien visto el Zanjón fue más bien una promesa que un pacto bilateral y fundamentalmente obligatorio. Martínez Campos así tuvo que declararlo más tarde, en el Congreso español, con estas palabras: «...El convenio del Zanjón no era más que un punto de partida para ver quién llegaba primero; si España mejorando la administración y el régimen general de la isla, o los separatistas en su propaganda».

El Zanjón sólo fue una puerta abierta a la inestable buena fe de España. Maceo se rebeló porque no creyó ni admitió meras esperanzas, sino tangibles e inmediatas reivindicaciones, cuya negativa reanudaría la guerra en más o menos tiempo. Su palabra dejó en el ambiente y círculos oficiales el temor de que el criollo no dejaría la idea emancipadora hasta verla triunfante.

Contra las bayonetas de España y su política ciega y exterminadora, todo movimiento intelectual y pacifista para el cambio institucional, según las indicaciones del Zanjón, carecía de eficacia, por lo que la posición de Maceo era la del franco éxito. La experiencia había de demostrar que el autonomismo se debatió en la impotencia de la tribuna y en las imploraciones de reacciones sentimentales. Maceo sostuvo con visión el criterio de las armas. A la fuerza tenía que contestarse con la fuerza o, por lo menos, con su posibilidad, pues la tiranía no se amedrentaba con expresiones verbales, sino con la contundencia de la combatividad. Necesariamente había que oponer a las bayonetas siempre apercibidas contra Cuba, el heroísmo mambí. Por los ahogamientos materiales en que vivía, el vehículo para alcanzar la independencia no era otro que el de la guerra, cuyo ejercicio quedó consagrado en Baraguá, no como una ficción, sino como un real aviso de incorporación revolucionaria. Maceo recogía el futuro y su inquietud se anticipó a lo que vendría indefectiblemente.

España dio ciertas holguras al sistema y aflojó el tratamiento gubernamental, temiendo a la ofensiva del cubano, que Maceo se encargó de prestigiar en Baraguá, y no a espontáneas rectificaciones o cumplimientos del Zanjón, indeciso como tratado. Esos intentos liberales no tendrán larga duración, ni se encaminarán a radicales reformas, sino que en definitiva se cerrarán al nativo los medios legales para una sustancial modificación del sistema, por lo que quedará la guerra como única utilización a los fines de la ansiada independencia.

Al Zanjón le faltó la absoluta unanimidad, por la disposición de Maceo, restándole el rango de una paz definitiva, y malogrando la consolidación del coloniaje. Fue Maceo quien le dio esa naturaleza con su protesta, al transmitir al general Martínez Campos y a todos los pechos cubanos, que la libertad se confiaba al remedio heroico de las armas; y que, mientras tanto, se sufría el régimen, pero no se le aceptaba y menos se le reconocía. Queda, pues, Baraguá como una afirmación y un alerta, como un pregón y un apercibimiento.

Fin de la Guerra

Maceo quiso conocer si respaldaban su actitud las fuerzas aún existentes en el campo; si había estado en lo cierto al decirle a Martínez Campos que él era el vocero de los jefes y oficiales. Bajo la presidencia del octogenario coronel Silverio del Prado, se reúnen los jefes y oficiales, no asistiendo Maceo para no coartar las deliberaciones. Del Prado tomó la palabra para decirles que el deber de todo ciudadano de defender a la patria y el honor que debe ser inseparable de todo hombre, los congregaba esa noche para decidir los destinos de Cuba, resolviendo la conducta a seguir. «Aquí se va a acordar si secundando al general Maceo queremos continuar la guerra, aunque sea sucumbiendo, o como cobardes nos hemos de entregar al enemigo», fueron sus palabras finales. Todos los presentes, apenas terminó el viejo mambí, exclamaron: «¡A la guerra! ¡A la guerra!». El acto fue una clamorosa ratificación de confianza al Héroe.

Se formó un Gobierno Provisional para proseguir la lucha. Maceo, siguiendo sus impulsos altruistas, se mantuvo fuera de toda preponderancia personal. No aspiró a la Presidencia de la República, ni a la jefatura del ejército, para las que había sido indicado, rehusando ambas. Esta plenitud patriótica lo ha de distinguir en el proceso atormentado de la liberación, en que luce magnífico por el desinterés en medio de muchos apetitos y ecuánime ante las pasionales inculpaciones.

Para consolidar la revolución, la primera medida que adopta, después de Baraguá, es prohibir en absoluto, bajo pena de muerte, la penetración en las filas revolucionarias de los emisarios de paz del bando contrario, si no era a base de la independencia. Sólo el General en Jefe del ejército español podía comunicarse con el Gobierno Provisional.

El mismo día que se adopta la orden referida, se le anunció a Maceo que un emisario español traía un documento para él y el general García, que había sido designado General en Jefe del Ejército. Maceo leyó el documento, que era del Comandante jefe de Barrancas, en que le proponía que aceptara la paz mediante una gruesa suma de dinero. Maceo estaba indignado por semejante ofrecimiento y apenas podía reprimirse. Se dirige al portador y le dice:

—¿Conoce usted lo que dice ese documento?

—No, soy un correo de mi jefe e ignoro lo que dice el documento —le contesta el portador.

—Me alegro, porque así me evita usted el colgarlo de aquel árbol —le replica Maceo.

Muchos quisieron pasar por las armas al indicado portador, pero Maceo se opuso, porque la orden en este sentido aún no había llegado a conocimiento del general Martínez Campos. Maceo le entregó al correo la contestación, en la que decía que lo escrito era una infamia cobarde y que rechazaba «con indignación el insulto, valiéndose de la diferencia de campos».

Martínez Campos, conocedor de la moral y la entereza de Maceo, al enterarse del suceso, desautorizó al citado jefe de Barrancas, que se había apropiado de una atribución no conferida, enviándole a un castillo como sanción a su impremeditada conducta.

Se acercaba el día del rompimiento de las hostilidades. Maceo, optimista, se dirigió a los habitantes de Oriente, expresándoles que había establecido una nueva política, no entrando en el convenio de paz efectuado por los departamentos de Las Villas y Camagüey, y que para conseguir la rendición de Cuba y la libertad de los esclavos, contaba con la tradición de diez años de lucha y le acompañaban los grandes espíritus de Washington, Lafayette y Bolívar.

Por su parte, Martínez Campos había dado la orden de no disparar a los cubanos, aunque estos atacasen. El día de la reanudación de la lucha, por vencimiento de la tregua, Maceo dispuso que su hermano José reforzara a un grupo de insurrectos que atacaba a los españoles. Uno de los jefes informó que éstos contestaban al fuego cubano dando vivas a la paz y a Cuba. A Maceo no le agradaba aquella situación sentimental, pues quería luchar frente a frente.

Al día siguiente, Maceo ordenó un ataque para probar si los soldados de Martínez Campos contestaban al fuego. Un sargento revolucionario le expresó a Maceo que no lo mandara a esas operaciones, pues no quería tirarle a un enemigo que respondía a los disparos con vivas a la paz.

Maceo comprendió que la política de Martínez Campos influía en los ánimos, pero obligó al sargento a incorporarse a las fuerzas que iban a la acción. Su hermano José dio parte del suceso, convenciéndose el Héroe de lo difícil que es pelear con un enemigo que no quiere hacerlo.

En Caobal el propio Maceo es el que ataca con ciento cincuenta hombres una fuerza española de unos mil quinientos soldados. La superioridad del enemigo era tal que colocaba a Maceo en situación más bien suicida. A la primera descarga de los insurrectos, los españoles responden gritando: «¡Viva Cuba!». A la otra descarga, con igual exclamación, y hacían flotar en las puntas de las bayonetas pañuelos blancos. Varios soldados perdieron los españoles. El cuadro era desconcertante, por lo que Maceo ordenó al clarín que tocase ¡alto al fuego! Y seguidamente la retirada. El enemigo seguía lanzando esos vivas, que desconcertaban a los rebeldes.

Ocho partes de otros tantos lugares coincidían en que el general Martínez Campos había tocado la parte más sensible del corazón cubano: la generosidad.

La situación de los cubanos era desventajosa. España podía reconcentrar grandes contingentes de tropas y recursos de toda especie en la provincia, a lo que se unía el impulso afectivo frente a la conducta española de no disparar un tiro, lo que desterraba la beligerancia. Era, pues, insostenible la lucha por razones de fuerza y corazón; y reducida como estaba a Oriente, el Gobierno Provisional «para salvar al general Maceo de la muerte que seguramente le aguardaba o de una bochornosa capitulación», acordó, aunque con la resistencia del propio Maceo y otros patriotas, que se trasladara al extranjero a fin de procurar los recursos necesarios para sostener la contienda.

Para obtener el embarque de Maceo el Gobierno Provisional, utilizando una nueva suspensión de hostilidades, comisionó al Dr. Figueredo, quien se entrevistó con Martínez Campos, el que puso a disposición de Maceo un buque a dicho fin.

Maceo aceptó con gran pesadumbre el acuerdo del gobierno, pero objetando que lo obedecía siempre que éste se comprometiera a esperar su vuelta, y a no capitular sin que hubiera expuesto la situación de los revolucionarios en el exterior y sus posibilidades para respaldar la guerra.

Antes de embarcar, el gobierno expone en una proclama al pueblo que, después de haber afrontado todas las penalidades con indecible constancia contra los hombres y la misma naturaleza, quedaba una prueba mayor por donde pasar, que era el desprenderse del general Maceo. Y estampa estas palabras de reconocimiento: «bien conocéis al hábil soldado que tantos días de gloria ha dado a esta patria, por la cual ha derramado tanta sangre; al denodado guerrero que tantas veces ha cubierto su frente con el laurel de la victoria; bien conocéis al bravo caudillo del ejército de Oriente; al experto militar en quien en estos momentos de tribulación tiene su vista fija y cifrada su esperanza».

Salida de Cuba

El 9 de mayo de 1878 salía el Héroe de Cuba por el desembarcadero El Aserradero, con el único objetivo de recabar fondos y acopiar recursos para reanudar la detenida guerra. Uno de sus amigos y ayudante, José Lacret, le prestó cuarenta onzas, para el viaje y gastos de la estancia en Jamaica. Muchos pacifistas trataron de despedir a Maceo, a lo que él se opuso, dándole órdenes a Lacret de prohibir terminantemente tales visitas, con esta frase: «Dígales a esos cubanos que sólo recibía visitas en Loma del Gato, en el monte, donde necesitaba hombres de pelea».

Al terminar la guerra, Maceo cuenta treinta y tres años de edad, con veintiséis cicatrices de bala y una de arma blanca, que constituyen gloriosas condecoraciones esculpidas en sus carnes. Ha tomado parte en más de 800 acciones, que son el haber luminoso de una existencia que parece arrancada a la mitología fabulosa. No hay batallar más portentoso, ni consagración más fiel al objetivo independentista que la de este extraordinario paladín.

Sobre las causas que motivaron el fracaso de la guerra decía Maceo que se buscaba con afán a los verdaderos culpables, que algunos vieron en los motines militares, y otros, quizás con razón, en el general Vicente García, que aparece como el mayor responsable por tener la fuerza y los poderes públicos a su cargo; pero él estimaba que todos fueron culpables. En el enfoque de razones que determinaron el derrumbe, tuvo la indulgencia de diluir la responsabilidad en todos los que intervinieron en el decenio inmortal, para que fuera colectivo el dolor de la pérdida y el pecado de la desavenencia, así como la frustración del empeño independentista.

La falta de entendimiento produjo el Zanjón, no obstante el desbordamiento de heroísmo que ennobleció el largo batallar; en la desunión se halla la clave del lamentable fin de la década guerrera; y esa desunión se debió a factores varios, unos de índole personal y otros a las «radicales reformas», que Maceo calificó de extemporáneas, al decir que «hacer mucho imprudentemente, equivale a traicionar la propia causa», criterio que reafirmó con esta otra expresión tan objetiva como cierta: «El templo de la libertad no se había construido cuando se pensó ponerle altar».

EL DESTIERRO

Jamaica

Apenas sin reponerse del viaje celebra un mitin en Kingston para recabar soldados y fondos, y solamente responden cinco hombres y recauda siete chelines. El lamentable resultado no vence al Héroe que se encamina a New York, en busca de más alientos en la abierta y entusiasta emigración cubana que allí vive entregada al trabajo y a la patria. Entre tanto, el Gobierno Provisional encargado de sostener la guerra en la isla durante su ausencia, renuncia, ante la impotencia de sostenerse en el campo insurrecto, por el acosamiento de fuerzas superiores.

El golpe es doloroso, pero Maceo no ceja en su empeño. Su fe es la de un predestinado. Nada le detiene, ni lo abate ningún obstáculo. El fracaso lo robustece y la indiferencia patriótica que contempla en algunos, lo enardece. A cada derrumbamiento, el recomienzo de la obra; por eso su vida es la del perfecto revolucionario por la idea y la acción. En su misión no hay descanso, ni detención, y es tan perseverante como íntima la consagración a la libertad de la patria. Cuando el guerrero cesa, aparece el conspirador, y esta alternativa da calor a su dedicación libertadora.

Nuevamente se dirigió a Jamaica, para, cerca de Cuba, seguir en contacto con los patriotas, y unir sus esfuerzos a los de Calixto García, que venía preparando otro movimiento, que al fin estalla en la ciudad de Santiago, el Domingo 26 de agosto de 1879, y que se llama Guerra Chiquita, por su corta duración. Unos cinco mil hombres toman las armas, pero faltan jefes de arraigo, como Maceo y García, que no han podido desembarcar en la isla. Éste deshace su compromiso de llevar a Maceo, y lo sustituye por el Brigadier Gregorio Benítez. Los insurrectos quedaron decepcionados con la sustitución, pues todos esperaban al Héroe, que podía con su presencia taumatúrgica consolidar el movimiento y arrastrar a los indecisos. Este cambio era perjudicial, no sólo por no estar en tierras cubanas el genial adalid, de extraordinaria influencia en Oriente, sino porque ponía al descubierto las discordias que apartaban a los jefes, con el natural decaimiento de los espíritus. Era un síntoma desalentador.

Como en el movimiento había muchos hombres de color, el gobierno español, temeroso del aporte de individuos de esta raza de otros países, prohibió la entrada de estos individuos en el país. Maceo protesta de semejante medida, por lo que tiene de vejaminosa y hace esta apelación continental: «Yo extiendo mi voz a todos los pueblos que hayan sufrido la dominación, y que no vean en el hombre el color de la piel, sino sus condiciones morales, y muy particularmente, la hago extensiva hasta aquellos hombres de mi raza que, mezclada con la de todas de la América, tienen por qué sentir algo hacia la debilidad de mi raza, tomen como suya la cuestión que hacen los españoles, faltando a las consideraciones que deben las naciones a las generaciones, que el progreso las ha hecho adquirir algunos grados de civilización».

A pesar de las dificultades en que se mueve Maceo, al iniciarse el movimiento, se dirige a los cubanos en un manifiesto, cuyos párrafos más importantes son estos: «El tirano no cede y vuestra honra está comprometida: o marcháis a donde corresponde o permanecéis indiferentes; si lo primero, haréis la felicidad de vuestra desventurada patria; si lo segundo, las desgracias serán sin cuento, y nunca terminará el suicidio de nuestros hermanos y las pérdidas de nuestros intereses. Españoles: a vosotros no os es desconocido el inicuo proceder de vuestro gobierno que os agobia con contribuciones, y que os tiene igual que al esclavo que trabaja para su dueño; haced efectivas vuestras simpatías por nuestra causa, y podéis contar además de respetarse vuestras vidas y haciendas, con los beneficios de un pueblo libre. Pero si no lo hacéis contad con la muerte. Cubanos, que os contáis con riquezas: amparaos con la bandera de libertad, que es la que os garantiza vuestros intereses. Esclavos a quienes se os ha negado la libertad y se os ha premiado con el martirio: el hombre negro es tan libre como lo es el blanco; la maldad del opresor os tiene sufriendo las crueldades de vuestros amos. El látigo que aquél sacude sobre vuestras espaldas, lo sufrís porque estáis engañados; recordad que vuestros compañeros que estaban en la pasada guerra conquistaron su libertad porque los cubría la bandera de Cuba, que es la de todos los cubanos. Agrupáos, pues, bajo ella y obtendréis libertad y derecho».

El Héroe, como quiere terminar con la esclavitud, recaba la cooperación de las personalidades de color. En este sentido se dirige al general Lamothe, del gobierno de Haití, expresándole que en Cuba hay cerca de medio millón de hombres que son de la propiedad exclusiva de unos cuantos. «Esos esclavos, subraya Maceo, cansados del látigo y de las cadenas, y demasiado cansados para romperlas, tienden la vista a su alrededor, y al vernos a nosotros, hombres de color, que hemos tenido la fortuna de no nacer en la esclavitud o de habernos librado de ella, nos piden nuestro auxilio. Nuestro deber es concederlo, pues negarlo sería un crimen».

Haití

A fin de conseguir elementos humanos y materiales se encamina a la República de Haití. En este sentido interesó la ayuda del Presidente Salomón, tocando su condición de hombre de color, por creerlo interesado en la emancipación de los esclavos de Cuba, que dependía de la independencia política. Estimó, por su condición de individuo de color, que él era el más llamado a solicitar la ayuda valiosa de Salomón.

Este Presidente era un hombre de clara inteligencia, pero de muy mala fe. Para mantener su predominio político no reparaba en escrúpulos y medios, y a este fin obtuvo de los españoles protección económica en contra de sus compatriotas, pagando con la más baja moneda, como en el caso de Maceo, aquel auxilio. Salomón, para desacreditar a Maceo en aquella isla, hace manifestaciones sobre que la revolución cubana aceptaba la esclavitud, y que era España la que quería la abolición, o sea, lo contrario de la realidad y a sabiendas de que mentía. Un periódico de la capital, bajo su inspiración, propalaba tan innoble falsedad. Con ideas tan turbias, por envidia, procura el fracaso de Maceo: no podía admitir que un hombre de su raza pudiera ser en valimiento y carácter superior a él. Para eliminarlo se prestó a una alevosa combinación.

El torvo Presidente traiciona a Maceo y hasta planea su muerte de acuerdo con el cónsul de España en Port-au-Prince, que ofrece a los complicados quinientas sesenta onzas, si lo entregan vivo, y quinientas si muerto. Maceo ha de expresarse sobre el tratamiento de que fue objeto en Haití, que allí encontró el Judas que hay en todos los pueblos, pero que sería una injusticia solemne si no confesara que no halló «en el resto de los habitantes quien no le hiciera cumplidas demostraciones de aprecio y simpatías por la causa que defendía».

Máximo Gómez, que no cree en el éxito del movimiento, por estar muy cerca el fracaso del anterior, y por no contar el nuevo con mejores elementos, se dirige a la esposa de Maceo, para que le diga a éste, que «por nada del mundo vaya a Cuba en una pequeña expedición, pues su pérdida es segura». Gómez no deja de aconsejar que los momentos no son propicios para la guerra, y preocupado por Maceo, sobre todo, le vuelve a escribir para que no se lance a la isla, pues de hacerlo será para morir sin recursos, armas ni dinero.

Atentado en Santo Domingo

El Héroe no se arrepiente ni su espíritu decae. Por deber e inspiración patriótica se dispone a ir a donde se hallan peleando los suyos. Se traslada a Santo Domingo organizando una expedición, que en camino de Cuba fracasa por las maquinaciones del Presidente de Haití, Salomón, en contubernio con los españoles. Nuevos atentados se traman contra él. El oro español utiliza a una mujer íntimamente ligada a Maceo, llamada Filomena Martínez, para dar muerte al que tiene como temible adversario. En Turks Islands un tal Valdespino ataca la hamaca en que acostumbraba dormir Maceo, hundiendo varias veces su puñal; pero en vez de Maceo allí estaba, casualmente, el general dominicano Marty, que sufrió varias heridas en el brazo.

Al atentado se une la calumnia para destrozar su reputación revolucionaria. El periódico *El Boletín Mercantil* de Puerto Rico, de tendencia conservadora y española, publicó un suelto sobre que «el célebre ex Mayor General, el principal de los Maceo, continuará en Santo Domingo, permaneciendo fiel a los compromisos con Martínez Campos». Maceo no puede dejar en el espacio semejante imputación, y la rechaza, declarando que una sonrisa de desprecio ha asomado a sus labios al considerar lo mal informada que se haya la prensa periódica española, que «se ha atrevido a lanzar al público un infame y calumnioso libelo, suponiéndolo capaz de convivencia con los refractarios al progreso de su país y tiranos de su patria». Hace constar que no ha celebrado ningún pacto ni compromiso con Martínez Campo, dejando a su caballerosidad la afirmación de su notoria y pública idea independentista, sin condiciones.

Al cabo de un año terminó el movimiento insurreccional de Cuba, cuyos inicios fueron tan pujantes, como inesperados para el gubernamentalismo hispano. Maceo no pudo tomar parte con las armas, por la inexplicable conducta de Calixto García, primero, al sustituirlo por Benítez; y, después, por los contratiempos ocurridos en su odisea para recabar fondos, así como el fracaso de su expedición, que le impidió pisar tierra cubana.

Centroamérica

Fracasado el movimiento de 1879, Maceo, que no se considera vencido, se traslada a Costa Rica, y como allí no halla la cooperación que su optimismo creía posible, se encamina a Honduras para impetrar los auxilios de aquel pueblo y sus gobernantes. Gómez, que vive en ese país, se apresura a escribirle en el sentido de que en Honduras ha de cosechar el mismo resultado económico que en Costa Rica; y que, aunque el Presidente es partidario de la causa de Cuba, era preciso considerar que «pensando cuerdamente debe ocuparse de lo mucho que tiene que hacer en su casa para ocuparse de la ajena, tomando en cuenta la pobreza de esta República».

El Presidente Marcos A. Soto lo recibe cordialmente y lo nombra Jefe de la Guarnición de Tegucigalpa, y más tarde de Puerto Cortés y Omoa. Por respeto y gratitud a la acogida del gobierno, se mantiene al margen de las luchas políticas del país, pero al cabo de tres años renuncia a su cargo para formar otro movimiento revolucionario.

Muchos cubanos tuvieron la protección del gobierno de Honduras. Gómez se desenvolvía en el sector agrícola. Y aunque oficialmente no hubo favor gubernamental a la conspiración cubana, indirectamente se tuvo alientos, pues figuras de relieve allí residentes encontraron protección, alcanzando elevadas posiciones.

Martí

Recibe Maceo una carta de José Martí, que comenzaba a laborar por la nueva lucha libertadora, con la cooperación de los numerosos núcleos de emigrados cubanos en los Estados Unidos. Martí reconoce en la carta que no se puede hacer obra grande en Cuba sin el concurso de Maceo; y aborda que «no está el problema cubano en la solución política, sino en la social, y como ésta no puede lograrse sin aquel amor y perdón mutuo de una y otra raza, y aquella prudencia siempre digna y siempre generosa» de que está animado el corazón de Maceo. Y prosigue Martí ahondando con valentía en el hecho social cubano, que «es criminal el que pretenda sofocar las aspiraciones legítimas de la vida de la raza buena y prudente que ha sido bastante desgraciada».

Martí trata de conquistar al gran guerrero presentando el problema racial de Cuba, en el que Maceo tiene interés personal y político, no sólo por su condición étnica, sino por la significación que ha alcanzado como caudillo de las masas cubanas y como orientador de la conciencia pública. La solución de Martí era, como tenía que ser, de orden social, para que fuera permanente: ahondar en los males, destruyendo las causas productoras, mediante una revalorización de los factores integrantes de la comunidad. Martí abordó el delicado asunto, al que por su origen y esencia era el portavoz natural de las reivindicaciones de su raza; al que era, a sus ojos, la culminación de las ansias de mejoramiento de los suyos, y le correspondía proyectar sus aspiraciones. A Maceo le produjo meditación la carta: en ella aparecieron las ideas del Apóstol y la amplitud de las soluciones que propugnaba con sentido sociológico y de hombre de estado.

Ambos coincidían en el remedio: extirpar la injusticia en su origen, con espíritu renovador y efectivo, para darle vigencia a la transformación que se perseguía. Por eso pudo Martí atraerse al receloso Héroe, cuyo criterio racial consistía en la liquidación de un estado atentatorio a la dignidad igualitaria. Martí comprendió que la finalidad de Maceo radicaba en la liberación de todos los oprimidos, los que sufrían la esclavitud y los que soportaban el despotismo colonial, cuyas quejas inspiraron su inextinguible heroísmo, para implantar un estado de confraternidad sincera y respeto jurídico y moral. Ambos tuvieron imponentes afinidades ciudadanas, por lo que la carta conquistó a Maceo.

Maceo hace patente en su contestación que la unidad moral y política es indispensable para combatir el poder de España en Cuba, y agrega: «No menos importancia tiene hoy para mí la organización de los trabajos que se inicien, la recopilación de fondos para la ejecución de los planes, pues esa debe ser la base que nos dirija... Me gustaría ver que esa organización la representen hombres capaces de aunar voluntades del pueblo cubano, de comprender la misión que sus conciudadanos le confíen y de ser indiferentes a las perturbaciones e ideas de partido. Para mí las personas, quienesquiera que sean, me son totalmente iguales, pues la única diferencia que establezco es la que existe entre el bueno y el malo».

Nuevos intentos

En 1883 se desarrolla una crisis económica que hace concebir la posibilidad del triunfo del movimiento guerrero, y los elementos revolucionarios quieren aprovechar esa oportunidad, por el malestar intenso que se advierte en la isla, lo que naturalmente favorece los impulsos rebeldes. Un cubano rico, Félix Govin, ofrece cien mil pesos y otra cantidad igual de otros dos cubanos, si Gómez y Maceo se ponen al frente del movimiento.

En la casa de Gómez, en su finca de San Pedro de Sula, se reúne con éste y el general Eusebio Hernández, para encauzar los trabajos que han de desencadenar la guerra. Se lanza en marzo de 1884 un manifiesto, por el que se propone la designación de una junta gubernativa, de cinco miembros, merecedores del cargo por su inmaculada conducta, la que tendría a su cuidado la organización del movimiento en el exterior, dejando al General en Jefe la ejecución y ordenamiento de los planes militares. Es un comité centralizador y expeditivo, temiendo los enconos políticos que tanto daño hicieron a la guerra pasada por la interferencia civil.

Maceo declina el ofrecimiento de muchos para que él fuera el que ocupara la jefatura militar, quienes lo señalaban para el cargo, no sólo por sus hazañas guerreras, sino por su postura patriótica en Baraguá. Con su habitual desprendimiento él mismo se encarga de indicar a

Gómez para que lleve la dirección militar. Hombre de perspicacia constructiva, supo medir su época y las posibilidades del momento en que le tocó vivir, sin violentar el curso de la transformación espiritual de su pueblo, ni extorsionar determinadas realidades, cuya desaparición tenía que venir por los cauces educativos y la comprobación de servicios. No quiso su elevación a la máxima posición del ejército, para no crear discordias, ya que en el proceso del país aún no existía clima unánime que eliminara inconformidades étnicas.

Para estar libre de compromisos y por consecuente delicadeza, Maceo renuncia a los cargos que tiene en Honduras de General de ejército y Jefe de guarnición de Puerto Cortés y Omoa, así como de Juez suplente del Tribunal Supremo de la Guerra. Le dice a uno de sus mejores amigos, Anselmo Valdés, que va a ocuparse de la patria, dejando los destinos que le proporcionaban el sustento, «porque la esclavizada Cuba reclama a sus hijos para la emancipación».

Cayo Hueso

Gómez y Maceo van a los Estados Unidos. Una vez allí se enteran de que Govin se arrepintió de su oferta de los cien mil pesos, pues tenía pendiente una importante reclamación ante España, que fracasaría si realizaba tal contribución. Al saber Maceo esta actitud egoísta, exclama: «¡Qué patriotas!» Las claras perspectivas se nublaban.

Para arbitrar recursos va Maceo a Cayo Hueso, donde se celebra la llamada semana patriótica. Todos los cubanos, en una emulación dignificante, aportan contribuciones en dinero y prendas, de acuerdo con el peculio particular de cada donante. Las mujeres se desprenden de sus joyas para aumentar la recaudación dedicada a llevar la guerra a Cuba. Con un acto público, que tiene lugar en un teatro, se cierra la semana, aportando Maceo lo mejor que poseía: un alfiler de corbata. Una comisión de señoritas le entrega una bandera cubana, y al recibirla, Maceo pronuncia estas emocionadas palabras: «...juro sacar triunfante esta bandera, o caer envuelto entre sus pliegues».

New York: Martí, Maceo y Gómez

En la ciudad de New York se reúnen las tres figuras, Máximo Gómez, José Martí y Antonio Maceo, para perfilar el proyectado alzamiento. Gómez, que había sido aceptado como jefe superior, notaba con cierta contrariedad que Martí «se permitía trazarle inusitadas indicaciones que no tenían razón de ser y que no correspondía hacerlas al que se confía la dirección de un asunto». Martí sostuvo que cada uno expresara sus apreciaciones personales, y que los acuerdos fueran producto de una exploración general. Gómez y Maceo, como militares y con la experiencia de la guerra del 68, mantenían la necesidad de una recia disciplina y el acatamiento a un mando superior y único que contrastaba con la concepción que se había formado Martí de la República en armas. Gómez no acepta los reparos que Martí opone, y distribuye los trabajos a realizar. Como Martí continuara en sus apreciaciones, Gómez, que no sale de su sorpresa por la libertad del primero en sus expresiones, con lenguaje cortante le dice: «... Limítese usted a lo que digan las instrucciones en su misión a México con Maceo; lo demás y lo que deba hacer se lo dirá el general Maceo». Máximo Gómez quiere que prevalezca su autoridad y el dominio de la acción militar, pues entendía que en la organización del movimiento no debe tener cabida, mientras no lo justifique la necesidad de las circunstancias, «ninguna autoridad civil».

A pesar de lo crudo de la frase de Gómez, Martí se despidió cortésmente del mismo, y se quedó en la sala con Maceo, quien le exhortó a que perdonase las nerviosidades del viejo, pues sobre él pesaba una tarea dura. Como Martí guardara silencio sobre sus palabras, quedó intrigado. Más tarde, comentando lo sucedido con Gómez, le dice a éste: «.... Este hombre, general, va disgustado con nosotros». Y Gómez responde: «Tal vez». En efecto Martí había quedado inconforme.

Dos días después, Martí se separa del movimiento, declarando su manera de pensar en una carta que le remite al general Gómez. «Asombro me causó» —le dice— «con un importuno arranque de usted y una curiosa conversación que provocó a propósito de él el general Maceo, en la que quiso, locura mayor, darme a entender que debíamos considerar la guerra de Cuba como una propiedad exclusiva de usted, en la que nadie puede poner su pensamiento, ni obra, sin cometer profanación y la cual ha de dejarse, si se le quiere ayudar, servil y ciegamente en sus manos. ¡No, no, por Dios! pretender sofocar el pensamiento aún antes de verse, como se verán ustedes mañana, al frente de un pueblo entusiasmado y agradecido, con todos los arreos de la victoria. La patria no es de nadie, y si es de alguien, será, y esto sólo en espíritu, de quien la sirva con mayor desprendimiento e inteligencia».

Gómez, al leer la carta, siente como él dice un dolor profundísimo en el corazón, y anota de su puño y letra al dorso esta frase: «No se da contestación a los insultos». Estimaba que lo eran cuantas manifestaciones se encaminaran a poner freno a la férrea disciplina militar que él demandaba para el movimiento.

Maceo era partidario del mando personal de Gómez, temiendo que la demasiada intervención de numerosos jefes y las luchas políticas de las asambleas deliberantes, así como las pugnas por los cargos del gobierno, dieran ocasión al fomento de rivalidades y socavaran la unidad de acción que exigía el pronto triunfo de la guerra. No era otro su pensamiento, pues no aspiraba, ni sostenía dictaduras permanentes de orden político-militar. Este criterio lo había vaciado en una carta que le dirigió al general Gómez, en el sentido de que los emigrados facilitaran todos los medios materiales para hacer la guerra, y que «los únicos que tienen derecho a elegir sus jefes son aquellos que van a combatir».

México

Maceo va a México para organizar en la capital y Veracruz los centros de patriotas que en esta República han de ayudar al movimiento. Numerosos obstáculos halló y muy reducido el número de residentes, por lo que el resultado fue muy pobre, no correspondiendo a los esfuerzos que él realizaba.

Las dificultades se sucedían, pero daban ocasión a que Maceo demostrara su inquebrantable voluntad patriótica. El alzamiento se demoraba por la escasez de recursos, pues el dinero que producían las colectas, mermado por el sostenimiento de los hombres y gastos de propaganda, era insuficiente para fletar las tres expediciones para invadir la isla como habían convenido Maceo y Gómez. Nuestro Héroe era partidario de que fueran los cubanos los que aportaran los recursos para la campaña, sin hacer empréstitos onerosos, que podían comprometer la independencia en el futuro, la que él quería libre de todo compromiso económico e internacional.

Las simpatías de que gozaba Maceo por sus hechos de la guerra y su gesto en Baraguá, eran méritos que a muchos cubanos indicaban que él debía ser el director de la conspiración. Esta circunstancia y la labor taimada de la sospecha, trataron de hacer llegar a Gómez que Maceo trataba de suplantarlo en la jefatura, pero nada era más contrario que este infundio a sus sentimientos y actuación. Al conocer tal procedimiento, Maceo reacciona con el orgullo enfático de su pureza y superioridad. Le escribe a Gómez en el sentido que antes creyó como «una necesidad revolucionaria que fuera el jefe Supremo, y lo piensa ahora, no porque deje de tener opiniones particulares respecto de él, que en nada podrían contribuir a la realización de nuestra empresa, pues antes que nada soy patriota, y ninguna circunstancia, situación, conveniencia particular o de interés general me harían cambiar de parecer...» Y deja estampada esta frase arrogante: «...nunca la traición y el egoísmo han transformado mi espíritu, pues no predominan más que ideas de orden y legalidad en todos mis actos».

Su desinterés trasciende como una enseñanza en nuestra historia. Personifica tanto el heroísmo como el desprendimiento, que más se perfila y robustece a medida que más asciende la cuesta de su liderazgo. Lo vemos en el curso de su agitada vida hacer dejación de su persona y merecimientos, para dar soluciones y facilitar entendimientos. No conoce el provecho personal, ni las preeminencias le atraen cuando se trata del triunfo revolucionario, que para él es anterior y preferente a las eventualidades de grados y posiciones. Por eso ha de reafirmar su sentir a este respecto, declarando que «su presente no permite dudas a los miopes mal intencionados».

Las palabras de Maceo trazan pautas decorosas y están impregnadas de su innato orgullo y de su peculiar franqueza en la exposición de sus criterios, sin tener en cuenta posibles molestias personales. Siempre sobrepuso la idea al individuo y la revolución a los cargos y materialidades negativas. Tenía intensamente desarrollado lo que Adler denomina «el sentimiento de la comunidad».

Se ha querido ver la existencia de un duelo en este choque con Gómez, pero el tratamiento de amigos que ambos se dan en sus cartas elimina toda suposición en tal sentido.

La intentona Gómez-Maceo, iniciada en el año 1884, que proclamara el régimen militar en la guerra, y el puramente civil en la paz, a pesar de los momentos de exaltación revolucionaria de que daban muestras las sociedades patrióticas de la emigración, y que hacía concebir esperanzas de éxito, fracasó por una serie de tropiezos insuperables. Máximo Gómez se embarcó rumbo a Santo Domingo para cumplir el acuerdo de levantamiento, a donde había mandado una gran cantidad de armas y pertrechos por medio de un hermano del Presidente Billini de aquella República, para su envío a Cuba en una expedición. En los momentos en que desembarca Gómez llega también a Santo Domingo «Lily» Heureaux con el propósito de derrocar a Billini y sustituirlo con el vice, adicto a su política. A este efecto se apodera de las armas de Gómez, y dominando la situación del país lo reduce a prisión, y malogra la expedición. Maceo, que había ido de Colón a Jamaica, vuelve a Panamá en el mes de agosto de 1886, para traer la otra expedición, siguiendo el plan acordado. Las autoridades del canal eran partidarias de la causa de Cuba, pero vino un hecho inesperado a interponerse en los preparativos. Una cuestión sometida al Rey de España como árbitro, aceptado por el gobierno de Colombia, obligaba a éste a no mostrar una preferencia ostensible en favor de Cuba, y para justificar su conducta de neutralidad, se apoderó de la expedición organizada con tanto ahínco por Maceo, impidiendo su envío, aunque como deferencia a los cubanos reembarcó las armas y los hombres al lugar de salida. Este suceso y el de Gómez en Santo Domingo, hicieron fracasar, en el orden material de los recursos, la revolución y el disgusto entre Martí y Gómez, de trascendencia moral, por la privación del concurso del primero, coadyuvó al fracaso.

Maceo no puede ocultar su turbación y vergüenza por la detención del movimiento, en el que puso tanto entusiasmo como lealtad. A Párraga, que había luchado por llevar una expedición a Cuba, le manifiesta «...... todos hemos quedado mal, ellos porque han sido menos afortunados que yo por presentar algo a la consideración pública, y yo porque más de una vez he fracasado con la fortuna a la vista».

Jamaica

El general Maceo va a Kingston entristecido por el fracaso de sus empeños revolucionarios, lamentándose de la adversidad, pero no desalentado y sí en disposición de servir a la causa en el momento propicio. En esta ciudad rinde cuenta a su labor en una junta de patriotas que preside Gómez. Algunos querían proseguir el movimiento. Maceo se opuso, entendiendo que era prudente esperar mas tiempo, pues no se contaban con elementos para fletar tres expediciones a Cuba, única manera de obtener éxito. Gómez declara que mientras hubiera alguno que entendiera que se debía seguir luchando, él lo secundaría. El general Flor Crombet tiene frases mortificantes para Maceo, por lo que vino un duelo entre los dos. Los padrinos, por la gravedad del lance, pues era a muerte, y la significación de los contendientes, lo suspenden, haciendo constar en el acta respectiva que siendo responsables ante la Historia y la patria de un acontecimiento, que si tuviera lugar en aquel momento únicamente sería favorable al gobierno español, era deber y honor oponerse a lo que de alguna manera pudiera beneficiar al enemigo, y que por esta razón acordaban que se llevara a efecto una vez que los dos generales hubieran cumplido con la patria y obtenido la independencia.

Maceo no sólo retó a Flor sino que le hizo ver a Gómez su inconformidad sobre su actitud en esa reunión. Parece que Maceo estimó que Gómez debió de haber estado de acuerdo con él en cuanto a la suspensión del movimiento. Entre los dos se cruzan cartas en que asoman recelos. Gómez le expresa que lo ocurrido le ha demostrado «la realidad de algunas dudas que hace tiempo han venido trabajando en sus creencias, respecto a las consideraciones, respeto y hasta agradecimiento que pudiera profesarme», como textualmente le dice. Maceo le contesta: «A consideraciones, respeto y subordinación bien entendida nadie me gana; desafío al que pueda decir lo contrario, y si usted fuera consecuente con la amistad que nos hemos profesado, cuando yo no deba lugar a temores y dudas, lo declararía ahora... la gratitud que debo a usted como cubano amante de mi causa y atento a lo mucho que usted la ha servido, está como caballero altamente compensada con mi conducta política y social respecto a usted; lo otro que usted merezca corresponde al pueblo cubano».

Este duelo epistolar separó a Máximo Gómez y Maceo. Aquél, ratificando su decisión estampa lo siguiente: «... todo creo que ha concluido entre nosotros. Sólo queda una cosa común entre los dos, sagrada por cierto, y que la he hecho mía, la causa de su patria». Maceo a su vez exprésale: «...no he lastimado su vida privada, que en ese caso estaría bien que usted se resintiera del amigo y compañero, pero en el caso presente es una osadía y llena de mala intención».

La gratitud a que se refería el general Gómez radicaba en que se había reconocido desde el inicio de guerra el singular valor de Maceo y sus dotes de jefe. Años más tarde Gómez exterioriza esta misma apreciación, al decirle a Ramón Roa: «En cuanto a Maceo me cabe la gloria, que tú me reconoces, de haberlo conocido desde el principio, y de ahí su designación para puestos elevados siempre, a pesar de las menguadas, tristísimas preocupaciones y perturbaciones de camarillas».

Gómez tuvo la gran virtud de sobreponerse a los prejuicios de muchos, manteniéndose fuerte en la justicia del reconocimiento; pero no puede negarse que la entraña guerrera de Maceo y su dominio popular tenían raíz profunda en su excepcional valimiento. Estas circunstancias y sus depuradas convicciones redentistas le daban fuerza para emerger y destacarse en el medio revolucionario. Su caudillaje se debió a un mandato histórico, que no desconoció con la debilidad ni con adaptaciones ventajosas, pero que tampoco podía desconocer la democracia de la Revolución Cubana.

La misma lucha que ambos sostenían por la libertad de Cuba, el respeto que se profesaban, así como la necesidad que los situaba en los mismos trabajos de conspiración, hicieron que con el decurso del tiempo desapareciera el distanciamiento, hasta que nada quedó del mismo. No solamente en las labores preparatorias de la guerra fueron compañeros fraternos, sino que en los campos de batalla del noventa y cinco, volvieron a revivir antiguas glorias.

Panamá

El plan Gómez-Maceo, por carencia de recursos, fracasa, y Maceo se traslada a Colón, en Panamá, para emprender trabajos que le produzcan para el sustento de su familia, en espera de más favorable ocasión para otro movimiento de más empuje. Estando allí recibe una carta invitadora de Martí, que se disponía a tomar la iniciativa de la conspiración, estimando que la natural separación de los dos caudillos le abría el camino de su jefatura. A Martí le contesta, haciéndole llegar su invariable lealtad a la causa emancipadora y las directrices de su conducta política. De esta manera se produce: «... Si en el pasado fue siempre mi política sujetarme a los mandatos de la Ley, de los poderes legalmente constituídos, estimando que, buenos o malos es deber del ciudadano darles respetuoso acatamiento, a reserva de procurar por las vías legales su mejoramiento o enmienda si resultaren nocivos a los intereses generales de la patria; hoy, y mañana, si la Fortuna me dispensa el favor de contribuir en algo a la formación de nuestra nacionalidad, sigo y seguiré siendo fiel a ella, creyendo, como creo, que bajo ningún concepto, ni bajo ningún motivo se debe nunca apartar al pueblo de la obediencia de las leyes, y lanzarlo por los escabrosos caminos de la anarquía».

Martí, que sabe que la cooperación de Maceo es indispensable en todo movimiento libertador por su arrastre popular y el prestigio de que goza de patriota intransigente por su gesto de Baraguá, no deja de comunicarse con el Héroe, ya explicando propósitos suyos o reflejando ideas de grupos de patriotas. Maceo no deja de reiterar su cooperación, que deja en esta contestación a otra de las cartas de Martí. «Hoy como ayer y siempre, señor Martí», —le decía— «y así lo puede comunicar a los señores que con usted firman esa carta que tanto me honra y que ha venido a endulzar un tanto la amargura de mi obligado ostracismo, hoy como ayer, pienso que debemos todos los cubanos, sin distinciones sociales de ningún género, deponer ante el altar de la patria esclava y cada día más infortunada, nuestras disensiones y cuantos gérmenes de discordia hayan podido malévolamente sembrar en nuestros corazones los enemigos de nuestra noble causa».

Los autonomistas

El llamado Partido Liberal, que defendía la autonomía de Cuba, con una brillante plana mayor, había cobrado fuerza en el país, interfiriendo los objetivos de la lucha revolucionaria. Opinaban muchos veteranos que sus prédicas restaban elementos y calor público a la lucha armada. Maceo, aunque no aceptaba el autonomismo, mantuvo el criterio que en definitiva sus adictos serían aliados de los revolucionarios por la propia impotencia de sus medios de propaganda y victoria. La postura autonomista y su alcance los enjuiciaba Maceo de esta manera: «Los autonomistas queriendo girar en su verdadero campo de acción (la oratoria), y deseosos de llegar al fin por todos los cubanos deseado, prefirieron el parlamento a las armas, subdividiendo el partido cubano y la conveniencia de seguir unidos, quizás si llevados de las falsas promesas de Martínez Campos; pero dejémosles tranquilos en su evolución de reincorporación a nuestro partido. Ellos deben su existencia política al partido independiente, y se sostienen a nuestro calor: son hijos naturales del fracaso, no obstante ser la mayoría perteneciente a nuestra gloriosa epopeya de los diez años de incesante luchar por nuestra soberanía nacional; unos, porque pelearon, y otros, porque la favorecieron poderosamente».

Maceo creyó insuficiente para la implantación de un estado democrático e igualitario al autonomismo, por lo que se afincaba en su teoría de la guerra, desechando de manera absoluta el credo pacifista. Tan superior era para él la revolución sobre el autonomismo, que le preguntaba a Figueredo: «¿No podemos envolver a los autonomistas en nuestros principios? ¿No hay medio de lanzarlos a la lucha?» Y creyó factible el cambio porque el autonomismo se mantenía por la permanencia de los independentistas. «¡Qué sería de ellos si no existiera el partido nuestro!», afirmó. Para Maceo un gobierno de esencia popular sólo podía surgir de la guerra contra España, que uniendo a los hombres nativos fundiera prejuicios y creara el sentimiento uniforme del pueblo, por el aliniamiento que produce la necesidad de esfuerzos colectivos. Para ratificarse en este criterio centralmente democrático no tiene que apelar a doctrinas dilatadas, ni informarse en lejanías históricas, sino que le basta la experiencia de la guerra pasada, de la que fue motor y producto. Su clarividencia de libertador le hace ver que el autonomismo era un credo de selección, y, por tanto, de minoría; que el instrumento revolucionario era el de las grandes masas, de sus mayorías, de las que él había surgido. Defendía la guerra, porque daba a conocer la oposición política entre el opresor y el criollo, evidenciando una tradición propia de este frente al primero, y justificaba la nacionalidad independiente con instituciones atentas al carácter de sus hijos y nacimiento del nuevo estado, que tenía que ser necesariamente democrático.

Para Maceo, no obstante que el autonomismo es sinónimo de división, cobra vigencia por la emoción emancipadora. Previó, por el dominio de la realidad, que no es otra cosa que la insuficiencia de su propaganda vital (la palabra), y la enemiga ostensible del gobierno a las ansias más o menos inmediatas de libertad, que se uniría a la corriente independentista, porque, como él dijo, «los naturales odian a los conservadores en represalia a lo mucho que estos detestan a los cubanos: no caben juntos en un partido político».

La intolerancia más o menos encubierta del gobierno metropolitano obligaba a la impotencia al autonomismo, por lo que su acción eficaz radicaba en sumarse a la protesta armada, única fórmula para la obtención de la independencia, frente a la tradicional negativa española de atender las justas necesidades nativas. En estos factores hacía descansar Maceo el fracaso de la doctrina autonomista, que tanta amplitud pública conquistara.

Estimaba al autonomismo débil frente a las bayonetas españolas, pues las facilidades que encontraba se debían al miedo que inspiraban los sostenedores de la independencia cabal. Maceo vio en ellos aliados tácitos, que se unirían a la guerra por la fuerza de las circunstancias y flojedad de su postura. Era un partido producto del temor a la pérdida de la isla, cuya posibilidad demostró el batallar de diez años de lucha. En el fondo no había solución a los empeños autonomistas, porque, como decía Maceo, «ningún cubano es español de corazón, ni los peninsulares los tienen por tal; por el contrario, dicen mal del que lo finge y los desprecian».

La falta de sentido político del gobierno hacía imposible el triunfo de la causa autonomista, lo que permitía que el porvenir fuera revolucionario, y en la independencia política del país radicara la solución del problema cubano.

Aquel grupo intelectualizado, que confiaba en la idea evolucionista del mejoramiento del régimen colonial, al poner al descubierto las injusticias existentes, a despecho de las declaraciones oficiales en contrario y por la ineficacia de su propaganda, preparó la guerra, convirtiéndose, de hecho, en cómplice ventajoso del separatismo, como certeramente lo previó Maceo.

EN LA ISLA

La actividad de Maceo complementa su valor. Es que su inquietud espiritual por una comunidad mejor organizada, le mueve a perpetuo servicio. Temperamento excitable ante las desgracias humanas y las arbitrariedades, tenía que vivir la reacción de la lucha por la liberación, y no retraerse a los requerimientos colectivos. Quien abrazó la causa de modificar el sistema destructivo de la colonia, tan agarrado a perpetuidad, no había de tener reposo en el empeño y desafío. Una frase suya nos dice de su vida patriótica: «... para mí no se ha hecho la tranquilidad». Este ejercicio sin tregua es afán de servir y ser útil a los suyos.

En el año 1890 el Gobernador de Cuba, general Salamanca, de mano suave y espíritu conciliador, autoriza a Maceo a visitar la isla. El Héroe se halla tan decepcionado de los anteriores fracasos, que sólo cree en la capacidad de sus fuerzas personales para levantar la acción rebelde, y con un cambio notable interno aprovecha el permiso para en la propia tierra cubana preparar la revolución.

De Haití se dirige a La Habana. Viene en un buque español, lo que le repugna sobremanera. Maceo narra esta parte de su viaje con estas palabras: «Hasta ese momento yo había sufrido mucho, luchando conmigo mismo, por la realización de un hecho que calificaba de deshonroso, efectuado por mí; pero se impuso el principio que opongo a toda preocupación y recelo, tomando por fin un bote que me llevó al Manuelita, donde subió de punto todo mi desagrado y repugnancia, al verme cobijado por la bandera española, y salpicado por la ronca y chillona voz del marino español. Parece que así lo comprendieron el capitán señor Vaca y tres jóvenes cubanos, empleados del vapor, que inmediatamente trataron de hacer agradable mi presencia entre ellos, con una amena y simpática conversación. Empero, la noche fue angustiosa y terrible para mí. Me abrumaba la idea de volver a Cuba por la vía española y entrar en mi país en son de paz y concordia, cuando deseaba la guerra y el exterminio del sistema colonial en Cuba. Al día siguiente entramos en Santiago de Cuba, y ya en el muelle volvió a aumentarse mi tristeza a tal extremo, que para no darla a conocer a mis adversarios, me privé del placer de ver a millares de mis amigos ocultándome en el camarote, porque sentía en mi interior correr a torrentes lágrimas de sangre, que se desprendían de mi alma al contemplar de cerca las ruinas de mi pueblo natal».

La Habana

A los pocos visitantes que permitió lo vieran les hizo llegar que contaba con ellos y el pueblo para arrojar la dominación española «cuya ignominia le avergonzaba», y «que la suerte futura del país dependía del esfuerzo que hiciesen sus hijos en favor de la libertad y el progreso». Al llegar a La Habana, sus compañeros de viaje le preguntan en presencia de la Cuba de entonces, que impresión le ha producido la Capital, contestando Maceo: «Hacia todo lo que veo, siento repugnancia: las calles son estrechas y asquerosas, como el sentimiento de los españoles, que se proponen gobernar a Cuba sin mejorar la condición de este desventurado país». Esta fue su opinión: tortuosidad y raquitismo en la gobernación; miseria y tristeza en los gobernados».

Se hospedó en el Hotel Inglaterra, situado en lo más céntrico de la ciudad. Allí no se permitía alojamiento a las personas de color, pero a Maceo no se le negó pues por su extraordinaria representación revolucionaria rompía prejuicios y limitaciones. Su primer deseo fue visitar al general Salamanca para expresarle su reconocimiento por haberle permitido ir a Cuba, lo que no pudo efectuar por haber fallecido al día siguiente de su llegada a La Habana.

Las visitas al Héroe se sucedían constantemente. A los pocos días de su estancia en el Hotel, tocan en la puerta de su habitación con marcada insistencia. Maceo, con voz firme, dice: «adelante», pues no utilizaba ordenanza ni intermediario, e inmediatamente penetra un hombre bien vestido, español. Se dirige a Maceo, a quien le dice: «vengo a pagarle una deuda de gratitud». Le narra que había caído prisionero en la pasada guerra, y que fue puesto en libertad por el propio Maceo, sin condiciones de ninguna clase, y como demostración de su agradecimiento le venía a suministrar noticias importantes en bien de su persona: que el Gobernador General había designado dos oficiales y cuatro sargentos del ejército para que, turnándose, se constituyeran en una habitación contigua a la suya, con la orden de vigilarlo y, al primer movimiento sospechoso, detenerlo. Estimó Maceo el servicio, haciendo presente al español agradecido su cordial distinción.

Sin perder tiempo bajó a la calle, y tomando un coche de plaza se fue a ver al Gobernador General interino, Felipe Fernández Gómez Cavada, que inmediatamente lo recibió. Maceo le expuso que había venido a Cuba con un salvoconducto del general Salamanca, que lo autorizaba para transitar libremente y, no obstante ese permiso que amparaba su permanencia en Cuba, se le vigilaba estrechamente, contradiciendo dicha autorización. Fernández Cavada quedó sorprendido de la actitud cívica de Maceo, y le ofreció las mayores garantías durante su estancia en la isla, ratificando el salvoconducto de Salamanca.

En sus salidas, «luciendo el corte irreprochable de su levita Inglesa y el brillo espejeante de su sombrero de copa», y sin abandonar el ancho cinturón que con un escudo de Cuba como hebilla formaba parte de su indumentaria, observaba el estado del país. Sus comentarios eran, naturalmente, desfavorables, pues como dijo «en los opresores vi representada la altanería más grotesca y chocante; dibujada en todos sus actos y movimientos la insolencia del bruto con mando. El habanero, por el contrario, es de semblante afable, cariñoso, culto y agradable en su trato, es fino y generoso. En su fisonomía revela el pesar que domina su levantado espíritu, la honda impresión que hace en ellos la dominación de gentes inferiores en ilustración y moralidad. El español posee toda la riqueza del país; absorbe y monopoliza hasta la honra cubana; no hay ramo en las ciencias y las artes, la agricultura y la industria que no haya invadido, dejando al país desprovisto de todos los auxilios y recursos de vida propia». Maceo continúa enjuiciando la situación que hiere su sensibilidad. «La miseria y languidez del semblante cubano demuestra la indiferencia que existe entre el natural y el extranjero; al primero le sobra razón, y al segundo siempre le falta la justicia, por buena que sea su causa. Nuestras mujeres tienen que ser ociosas y prostitutas por falta de ocupación honrosa y digna en su tierra; el auxilio de la venta de flores, oficio que desempeñan corpulentos jóvenes españoles de musculatura tan vigorosa y fuerte, que serían capaces de derribar una montaña, si se ocupasen de faenas agrícolas, siendo este el único ramo que ellos no invaden, por su natural rudeza...».

El coronel español Fidel Vidal Santocildes, valeroso combatiente del batallón San Quintín que fue batido por Maceo en la guerra, fue a saludarle, una vez que se enteró de que su antiguo contrario se hallaba en la Capital. Maceo y Santocildes en la Acera del Louvre, centro de reunión de cubanos y españoles prominentes, sostenían frecuentes conversaciones. En cierta ocasión Santocildes, que admiraba al Héroe, le dice a éste: «Usted volverá un día a la manigua y me tendrá frente a frente... sin usted la campaña no tendría atractivo para mí». Maceo ante aquella expresión gentil de un adversario leal y valeroso, contestó con una sencilla frase: «Gracias, Coronel».

Al estallar la revolución, Santolcides, que se hallaba en Matanzas, pidió al Capitán General que lo mandaran a «donde se supiera que estaba el general Antonio Maceo». Se vio complacido, tomando parte en la acción de Peralejo, donde repitió las bravuras de que diera muestra en la pasada guerra en el combate de San Ulpiano y otros; y allí cayó, como él quería, combatiendo contra Maceo.

Con los jóvenes

La brillante juventud de la Acera del Louvre prodigaba al Héroe toda clase de distinciones, reconociendo la autoridad de aquel hombre que con tanta naturalidad imponía su dominio e incontrastable ascendiente. De esta juventud, que se le había ofrecido para la guerra, Maceo tuvo para ella esta frase gentil: «Es una magnífica escolta».

Los estudiantes universitarios quisieron, por su parte, testimoniar al general Maceo sus simpatías y adhesión, y acordaron celebrar en su honor un banquete como homenaje público, nombrando una comisión de ocho jóvenes a cuyo frente figuraba Juan Antiga, que sería notable médico, para imponerle del acuerdo. La comisión se trasladó a la Acera del Louvre, y hallaron al Caudillo sentado en un taburete de cuero, cosa que hacía todas las tardes. Después del saludo de los universitarios, el general se puso en pie con el sombrero en la mano, y una vez conocido el propósito les contestó: «Yo no puedo aceptar el homenaje. Quizás algún día, si las circunstancias cambian. Me complace el gesto de ustedes; yo siempre he tenido fe en la juventud universitaria. Ahora no podemos darnos cita para un acto así, para ninguna forma de homenaje. Ya resueltos mis asuntos, me marcharé pronto. Así, pues, hasta... ¡Cuba libre, hasta la manigua!».

Las últimas palabras dichas con tono emocional, conmovieron al grupo juvenil. No quería el Héroe con hechos ostensibles realizar nada que fuera comprometedor e inoportuno. La ponderación y el tacto del general Maceo se sobreponían a todo entusiasmo y a toda imprudencia.

Dos notables periodistas cubanos, Francisco de P. Coronado y Carlos M. de la Cruz, deseosos de dar a conocer las hazañas del Héroe en la guerra, le piden una entrevista para oír de sus labios la vívida narración de sus hechos. Maceo los citó para que lo vieran al día siguiente en su habitación del hotel. Allá fueron los periodistas, y Maceo, señalando su desnudo tórax acribillado de cicatrices, les dijo: «Aquí está mi historia».

El gesto, rechazando la publicidad y alardes heroicos, desconcertó a los periodistas, que silenciosos, no acertaban más que a asentir con la cabeza la elocuencia del acto.

La estancia de Maceo, por su nombre, exaltaba los ánimos, creando rozamientos entre los patriotas y los defensores de la Metrópoli, como si él fuera un acicate al sentimiento de rebeldía. Uno de esos encuentros ocasionó un duelo entre Agustín Cervantes, director del periódico «La Tribuna» y miembro de la asociación «La Acera del Louvre», y el general español José Lachambre.

En esta época los duelos fueran trágicos, y todos aguardaban en la «Acera» el resultado, existiendo la particularidad de que a tales lances no se permitía la asistencia de espectadores. En este caso, los padrinos del general Lachambre, así lo exigieron. El encuentro tendría lugar en el patio de la casa de Miguel Figueroa, que con Francisco Varona Murias eran los padrinos de Cervantes. A Figueroa se dirige Maceo, en sus deseos de presenciar el duelo.

«¡General, yo no puedo negarle nada! Usted verá el combate desde la sala, por entre las persianas», le contesta Figueroa.

Y desde este lugar, Maceo, en compañía de Julio Sanguily, uno de sus más inseparables amigos, vio el duelo. También fue espectador del lance de Julio Varona Murias y Manuel Catalán, que tuvo la actualidad del país, por la calidad de los contendientes. Maceo, comentando la frecuencia de estos enfrentamientos, tuvo esta expresión: «Hay coraje y valor sereno, pero ¿por qué derrochar por motivos a veces no graves, lo que se necesita para la patria?»

La estancia de Maceo no era muy grata a las autoridades españolas. Para tratar de disipar sus temores, el Héroe presenta al gobierno unos pagarés del ejército español sobre unas propiedades de su madre, para su pago, con lo que aparentemente justificaba su permanencia en la isla. A Fernández Cavada sucedió el Teniente General José Chinchilla como Gobernador de Cuba, y a oídos de Maceo llegaron noticias de que el nuevo gobernante no se hallaba en buena disposición en cuanto a que continuara en el país. Para vencer esta dificultad fue a Palacio por segunda vez. Sostuvo una conversación con el general Chinchilla, en la que Maceo, deseando dar una sensación de confianza, le trató primeramente sobre asuntos generales; pero impaciente Chinchilla, e intrigado de su estadía en Cuba, le pregunta: «¿Por qué está usted aquí?» Después de mutuas disculpas, lo citó para que lo viera al día siguiente en Palacio. Maceo no fue a la cita, y le mandó, pretextando estar enfermo, la siguiente carta: «No puedo ir hoy, como ofrecí a V.E.; continuo enfermo; lo haré mañana. El hecho de que V.E. me preguntara 'por qué está usted aquí' me hace pensar que debo proporcionarle los informes siguientes, a fin de relevar a V.E. de cualquier duda que le ocasione mi vuelta al país, aparte de que ignoro existiera disposición alguna que me prohibiera hacerlo. El señor Cazañas, Jefe de la Sección Política del Gobierno General, puede imponerle a V.E. de lo que hizo el finado general Salamanca, para que yo viniese a Cuba; y mostrarle puede la carta que escribió al Cónsul de Haití, cuya copia conservo en mi poder». Los términos precisos de la carta convencieron al Teniente General, quien asintió en que continuara en el país.

La política en Madrid se presentaba para que Maceo no pudiera continuar permaneciendo en la isla. Cae el gobierno de Sagasta y lo sustituye Cánovas del Castillo, representante de la perpetuación del tradicional coloniaje hispano, quien nombra al general Camilo Polavieja, enemigo implacable de los cubanos, gobernador de Cuba. Ante este cambio tuvo Maceo que activar los preparativos de la guerra, y a este efecto se dirigió a Santiago de Cuba. De su labor en La Habana se expresó así: «aprobados mis planes e instrucciones, que les dejé a todos mis amigos y compañeros, de ejecutar cuanto ordenara para el pronunciamiento revolucionario, me retiré de aquel pueblo dejando pocas horas después el puerto con la alegría y la esperanza que embarga el espíritu de libertad que domina mis sentimientos, y la fe en el triunfo de nuestra causa, entusiasmado con la decisión de aquellos mártires del sacrificio de vivir en Cuba esclava, sin más porvenir que el acaso de la fortuna».

Santiago de Cuba

A fines de julio de 1890, al romper el alba, llegó a Santiago de Cuba. Un oleaje inmenso de cubanos se aglomeró en el lugar donde se hospedaba, el Hotel Louvre. Al correrse la noticia de que se hallaba allí, amigos y compañeros de la guerra le ofrecen su concurso, y el entusiasmo que despierta su llegada, le da la sensación de la posibilidad de la guerra. El Héroe declara: «Mi alma ulcerada por las muchas heridas que tengo sufridas por la causa de la libertad, empezó a sentir regocijo y a concebir verdaderas esperanzas de inmediato triunfo, con las sinceras declaraciones de aquel pueblo abnegado por el sufrimiento y grande para el sacrificio de sus vidas e intereses...» El espíritu de rebeldía casi unánime que apareció en su provincia natal, y que no contempla en las otras, le hizo decir: «...la provincia oriental pide a gritos y clamores su libertad, condenando con implacable y probada justicia la indiferencia de los demás departamentos de la isla, que se preocupan tan poco de nuestro porvenir y del progreso de la familia cubana, haciendo caso omiso de la ruina total a que ha llegado el país, de la imposible tranquilidad moral a que la ha conducido la bancarrota de la Hacienda Pública, aniquilada, sin esperanza, por gente extraña e incorregible que la explota, como único recurso y medio de salir bien».

Su permanencia en Santiago de Cuba se caracterizó por una activa propaganda, aprovechando los agasajos y comidas de que era objeto, para unir hombres a su objetivo revolucionario, así como para exteriorizar sus ideas políticas. Un cubano, que no había medido el calibre moral de Maceo, le propuso conseguir dinero para la revolución mediante el secuestro de dos ricos catalanes, a lo que se opuso, por creerlo contrario a la rectitud de la causa emancipadora, que para él tenía que ser tan pura en sus orígenes como en sus medios de lucha.

En una comida que le fue ofrecida en el Hotel Venus, el joven Hernández Mancebo expresó que Cuba, por la fuerza de las circunstancias, llegaría a ser, fatalmente, una estrella más en la gran constelación americana, a lo que Maceo replicó: «Creo, joven, aunque me parece imposible, que este sería el único caso en que, tal vez, yo estaría al lado de los españoles».

No hay que perder lo que inspira esta manifestación para valorarla en su íntima sustancia, lo que obliga a no seguir lo literal, sino lo que trata de evitar; más la intención anti-intervencionista, que la realización de la insertada amenaza. Con esta intervención figurada, Maceo, al mismo tiempo que acomete a las desviaciones cívicas y a las intromisiones agresivas de los fuertes, fija que el problema de Cuba no es de trueque de mandos, sino algo más superior y trascendente: la implantación de un gobierno propio, con todos los atributos democráticos y de nacionalista dignidad. Él no labora, ni lo puede aceptar, por sustituir una metrópoli por otra, pues por tan pobre cosecha no se movería, ni habría alcanzado tanta jerarquía como Héroe. Su amenaza de estar con España en la contingencia de la anexión de Cuba, es para divulgar que la lucha contra aquella es para arribar a la independencia absoluta y que no se hace por odio a los progenitores, sino para la obtención de la personalidad de Cuba en el concierto de las naciones libres.

Maceo no desperdicia ocasiones para no dejar dudas de la gravedad que envuelve la penetración americana, que se denuncia en esa contestación, un tanto cruda si se quiere, como emanada de una naturaleza fuerte, pero que envuelve orgullo patrio y acierto político, compulsando a los nativos a que con facultades solucionen la esclavitud de la patria.

A pesar de la autorización gubernamental se le acechaba, y a su entereza de ánimo debió que frustrara una maquinación artera. Al salir de una visita en la calle Reloj de los Dolores, notó Maceo que dos hombres de mala catadura lo venían siguiendo, uno por una acera y otro por la de enfrente. Enseguida se dio cuenta de que se tramaba algo en su contra, y no perdió de vista a los dos sujetos sospechosos. Al llegar a la casa de un amigo, se introdujo en ella y, sin esperarlo dichos individuos, salió bruscamente y con tono fuerte y revólver en mano les dijo: «¡uno para arriba y otro para abajo!» Sorprendidos aquellos hombres por la decisión de Maceo, automáticamente se separaron en la forma que les indicara. Una nueva conjura contra su vida quedó vencida.

En la visita que hizo al Casino de Santiago de Cuba, integrado por elementos de color, el 14 de julio, se le trató por uno de los presentes del problema de raza, quien le preguntó cuál sería su cargo en la República a implantar en la isla, a lo que contestó: «Primero la independencia de Cuba, después ya veremos». Su discreción le hizo ocultar soluciones que tenían que lastimar arraigados intereses y viejos egoísmos. La oportunidad y el haberse utilizado su nombre en futuras posiciones gubernamentales, le obligó al silencio sobre tales disfrutes; pero en su silencio había más elocuencia y determinación que en el verbalismo intenso.

Abstenerse es, muchas veces, acometer indirectamente, y en lo que se omite existe una reconstrucción en potencia y una inconformidad apercibida.

Expulsado de su país

A los cuatro días de haber desembarcado en Cuba el Gobernador Polavieja, ordena la expulsión de Maceo. Le comunica al Gobernador Militar de Santiago de Cuba: «Proceda V.E. a llamar a D. Antonio Maceo y hágale presente que conviene a todos y a él en primer término, realizar inmediatamente su deseo de pasar a Kingston u otro puerto del extranjero, a cuyo efecto facilitará y abonará V.S. su pasaje y el de su familia».

Intranquilo Polavieja por no haber tenido inmediatamente noticia de la salida de Maceo, libra otro despacho telegráfico, recomendando a la misma autoridad provisional que se sigan los pasos de Maceo y se le vigile cuidadosamente hasta que salga del país, lo que debe hacer con la mayor brevedad. Se le notifica que el día 30 de agosto tiene que abandonar la Isla. Antes de embarcarse un patriota admirador del Héroe, el Ldo. Urbano Sánchez Hechevarría, le ofrece en su casa un almuerzo. En el acto hay numerosos revolucionarios. La familia Hechevarría era la que prestaba el servicio, no había criados, ni diferencias étnicas. Un exquisito menú y ausencia de brindis, por las circunstancias, caracterizó la sugerente reunión. La familia calificó el cordial banquete con el simbólico nombre de La Primera piedra de la democracia. En efecto, tenía contenido democrático aquella despedida al insigne guerrero.

En la fecha que se le había indicado, parte de Cuba con María Cabrales, que días antes había llegado a Oriente. El Gobernador en persona lo fue a buscar en un coche, acompañándole hasta el muelle, y al despedirlo le entregó treinta onzas. Maceo indagó su origen, y como el Gobernador le dijera que procedía del gobierno, replicó: «... Del gobierno español no puedo aceptar nada; pero a usted le quedo altamente reconocido por las atenciones y deferencias que durante mi permanencia en Santiago de Cuba me ha prodigado». Y carente de recursos partió de Cuba.

OTRA VEZ EL EXILIO

Costa Rica

Fracasados los proyectos revolucionarios que inició en Cuba, Maceo establece con el gobierno de Costa Rica un contrato de colonización y para emprender esos trabajos llega a la República hermana en febrero de 1891. El gobierno español, que teme al Héroe, remite una nota al de Costa Rica, protestando que se le diera para la explotación unos terrenos situados en el Departamento de Talamanca, por estimar el gobierno de su Majestad que la estadía de Antonio Maceo con una colonia compuesta de cubanos en la costa del Atlántico era una amenaza constante para la paz de Cuba. El gobierno de Costa Rica, con la conformidad de Maceo, le señala para dicha colonización la región de Nicoya, situada en la costa del Pacífico. Este acto de amistad le valió al Presidente de esa República una condecoración del gobierno de Su Majestad como reconocimiento del gran servicio que le había prestado a la paz de Cuba, alejando un poco al Caudillo.

La expresión de esta protesta, el pavor que a España le producía la presencia de Maceo en el litoral del Atlántico, era demostración de que la actividad de Maceo, por distante que fuera, repercutía en el orden establecido en la Isla. España con su queja agrandó la popularidad del Héroe y exaltó su prestigio de líder.

Por el contrato de colonización, Maceo se obligaba a utilizar cien familias cubanas para el cultivo de caña de azúcar, algodón y café, sin perjuicio de otras labores. El gobierno, por su parte, costeaba los gastos de traslado de esas familias, pagaba de veinticinco a cincuenta pesos por cada hectárea de tierra preparada para la siembra y trescientos pesos por cada casa de alojamiento suministraba cinco yuntas de bueyes dos mil pesos para adquirir semillas y un empréstito de diez mil pesos.

La actividad de Maceo y su don administrativo se evidencian en esta empresa. Levantó un ingenio en La Mansión, cuyas maquinarias trajo de Estados Unidos, con grandes dificultades. La comarca adquirió gran animación, bendiciendo los vecinos al Héroe que lo mismo sabía empuñar la espada libertadora que transformar con el trabajo regiones inútiles e improductivas.

Martí y el Partido Revolucionario Cubano

Martí impulsaba los trabajos conspirativos, fundando en abril de 1892 el Partido Revolucionario Cubano. A Maceo llegaban noticias de la labor captadora de Martí, y como no había tenido letras de él creyó que algunos pensaran prescindir de su concurso, como se intentó en el movimiento de 1879. A uno de los miembros del Partido, Ángel Guerra, contestándole una carta, le dice que aunque no había visto a Martí en aquellos últimos tiempos, ni había recibido carta de él, para hacer la guerra, nadie debía ponerlo en duda, pues no creía que para puntos tan esenciales fuera necesario consultar su voluntad, ya conocida a ese respecto por propios y extraños.

Martí no pensaba desconocer a Maceo. Para aquietar al receloso Héroe, Martí, a fines de 1892, visita, como exploración sentimental, a la madre y esposa de Maceo, que se hallan en Jamaica. Pone en juego la sensibilidad humana y la fuerza afectiva para rendir y obligar a la causa al gran guerrero. El éxito corona los deseos de Martí, en la visita que al año siguiente hace al Héroe, siendo portador de una carta de Máximo Gómez, que ya se había sumado al movimiento, invitando al viejo amigo a que tomara parte en la futura contienda. Martí y Maceo, a quienes diferencias de procedimiento más que ideológicas habían separado, cordializan.

Martí expone sus proyectos y los recursos con que se podrá contar para la obra redentora, con palabra precisa pero subyugante y llena de porvenir. A Maceo no hay más que tratarle de la redención de Cuba para que sea el primero en el aporte y el primero, también, en la acción rebelde, sin importarle quién lleve la iniciativa, pues, como dice, cualquiera que sea el personal que dirija la obra común, posee para él la grandeza y la sublimidad del sacrificio honrado que se imponga, y tiene, por tanto, su cooperación. Maceo, como era de esperar, ofrece su ayuda decidida, prometiendo recabar el concurso de los hombres de la pasada guerra, y con veteranos cubanos organizar en Costa Rica una expedición. Martí veía cumplido su propósito. Es alegría de niño la que inunda su alma, la que refleja en carta que dirige al general Gómez: «Yo no tengo prisa en censurar ni absolver, tengo gusto grande en decirle, uniendo la prudencia al natural deseo de hallar buenos a los hombres, que usted y yo debemos estar contentos de la aceptación plena y afectuosa por el general Maceo de la parte de la obra de usted como natural de él. No creo engañarme al decirle que él y los que los rodean están prontos a ocupar sus puestos».

Martí traza con pinceladas brillantes y perfiles definidos el retrato moral y patriótico de Maceo, estampando en el periódico Patria este comentario: «Hay que poner asunto a lo que dice, porque Maceo tiene tanta fuerza en la mente como en el brazo. No hallaría el entusiasmo pueril asidero en su sagaz experiencia». No se vende por cierto su palabra, que es notable de veras, y rodea cuidadosa el asunto, mientras no está en razón, o insinúa, como quien vuelve de largo viaje, todos los escollos o entradas de él. No deja frase rota, ni usa voz impura, ni vacila cuando lo parece, sino que tantea su tema o su pensamiento, la palabra nunca ni la deja de la rienda. Pero se pone un día el Sol y amanece al otro, y el primer fulgor da por la ventana que mira el campo de Marte, buscando caminos a la patria. Su columna será él; jamás puñal suyo. Con el pensamiento la servirá más aún que con el valor. Le son naturales el vigor y la grandeza.

Después de esta visita, Martí ratifica a Maceo que el Partido Revolucionario Cubano contaba con su inestimable cooperación. Le dice: «Descansen todos. Nadie ha pretendido, ni pretenderá pasar por sobre usted, ni por sobre sus compañeros. Usted es imprescindible a Cuba. Usted es para mí —y lo digo a boca llena y a pluma continua— uno de los hombres más enteros y pujantes, más lúcidos y más útiles a Cuba. Descanse, que jamás, mientras tenga yo mano se prescindirá de usted». Martí no deja de comunicarse con el Héroe, para que él mismo sienta que es espontaneidad y admiración lo que despierta su personalidad. Una nueva carta llega a manos del colono de Nicoya, con estas declaraciones: «En estos días en que debíamos estar al habla sin cesar, en que me parece como innatural y cruel que no estemos al habla continuamente, ni en un instante dejé de pensar que en cuanto esté en su mano no le permitirá a la fortuna, ni atentados, ni abandonos, ni desdenes contra usted, ni abusos de su nombre, ni más peligro para usted que el que todos a la vez corramos».

Martí quería alejar de la mente sospechas y desconfianzas, un tanto justificadas por un pasado de incomprensiones; y ante su conducta, el Héroe aquietó aquellas, aunque más le torturaba el posible alejamiento de su persona por el agravio a la causa libertadora que por la susceptibilidad ofendida.

Se mostró Martí como un consumado avizor político, pues trató y obtuvo el concurso de los dos caudillos militares de la guerra, Máximo Gómez y Antonio Maceo. Con esta visita y las que había hecho a Gómez en Santo Domingo, daba un mentís a los que le atacaban juzgándolo como que fue flojo en la guerra pasada; que con edad suficiente y maltratado por el gobierno español, y habiendo sufrido el presidio, se encaminó a México, en vez de tomar las armas; así como su ruptura con Gómez en 1884, con la consiguiente retirada de aquel movimiento. De ahí que tratara, con hechos, de disipar esas apreciaciones relacionadas con su anterior conducta, que nada tenía de abandono patriótico.

Maceo es de los que no participaban de esas injustas recriminaciones, pues Martí fue un mártir que sintió con el grillete, casi un niño, en sus carnes, el dolor cubano. Su opinión a este respecto la dio a conocer Maceo en carta a Enrique Trujillo, en la que destaca la lucha tesonera del Apóstol. Le dice: «El señor Martí consagra todo su tiempo a la causa, sin otra recompensa que la censura imprudente. Que no quisiera ayudarnos en el 84 no es para que yo deje de servir a tal patria, luego y siempre que sea propicio hacer la guerra a España. Estoy y estaré con la revolución por principio y por deber».

La posición de Maceo no podía ser otra. Para él todos los cubanos pueden sentir la libertad de la patria, y defenderla en el campo o en el pueblo, con el corazón o con el brazo, con la misma intensidad o idéntico servicio.

Al comprometerse Maceo al movimiento tenía que rescindir su contrato de colonización, y a este fin vio al Presidente de la República, quien dio su conformidad al deseo del Héroe de liberarse del negocio, al que hace público, como un honor más, su compromiso solemne de participar en la guerra inmediata.

Lo apenaba el abandono de sus trabajos agrícolas, porque privaba a su familia de algunas comodidades, de las que había carecido por las agitaciones de la guerra y la conspiración; pero el deber con la patria pudo más en su ánimo que las ventajas materiales de los suyos, una vez más sacrificados por el ideal redentor. No titubea entre el interés material y la causa libertadora. En él no existe la ambición, y la que tiene es la de la gloria y el servicio. Él hace compatible el renombre con el desprendimiento, porque éste, que es dedicación eminente, no es más que una fase de aquél.

Nueva visita de Martí

Por segunda vez visita Martí a Maceo, y lo acompaña Panchito Gómez Toro, hijo del general Máximo Gómez, a quien Maceo, con emoción efusiva, levantó en vilo. En esta segunda visita obtiene la ratificación de su empeñada palabra, y según Martí queda obligado, al recibir aviso, a llevar a la costa de Cuba los hombres que recogerá, en el puerto que él designe, el vapor que debe enviarle desde New York.

Maceo y Gómez se hallan en contacto, habiendo sido designado por el consentimiento de aquél y los hombres de guerra, el general Gómez para dirigir el insurrecto ejército. Este, que conoce el genio del primero, y para no herir su reconocida idoneidad, le expresa sobre los planes a desarrollar en la Isla: «¿Qué le puedo indicar yo, cuando usted, como todos, nos sentimos inspirados de los mismos deseos y armados de la misma resolución? Le dejo, pues, en completa libertad».

Maceo envía a uno de sus valerosos colaboradores, Emilio Giró, con instrucciones a los patriotas de las comarcas de Guantánamo y Santiago de Cuba, para que se apresten a la lucha y estén pendientes de su llegada a la Isla, pues quería desembarcar por la parte sur de ésta, e iniciar con un gran contingente operaciones decisivas.

La sociedad de San José de Costa Rica observaba sus tradiciones religiosas, como todo el país, con sus rigorismos sacramentales. Maceo que en este orden conservaba las mismas creencias, respetaba por su profesión de fe y por deferencia y gratitud la acogida de que habían sido objeto los cubanos, la ritualidad del culto imperante: el católico.

Una noticia grave corría: José Maceo había raptado, sin obedecer los convencionalismos sociales y las exigencias religiosas, a su novia, lo que repugnaba al pueblo aquél, tan apegado a sus ideas y hábitos.

Maceo, hombre de buenas costumbres, exige a su hermano que contraiga matrimonio religioso: a este efecto llama a su amigo Loynaz del Castillo, que es su secretario, y le dice:

— Tú, en quien José se mira por tus ojos, procura convencerlo de que se case.

— Usted, General, podría tratar mejor con su hermano de esta cuestión. Su autoridad es aceptada —le responde Loynaz.

— Un fracaso en mi empeño sería una desavenencia fatal —replica Maceo.

A José le desagradaba el matrimonio católico, por la necesidad de la confesión previa que exigía el rito.

— ¡Decirle mis cuitas mas secretas a un español enemigo! ¡No, no puedo! —expresa el bravo mambí a sus familiares.

Loynaz visita a José, cumpliendo el encargo de Antonio Maceo.

— Ya sé a lo que vienes: te manda Antonio para conseguir que me case —le manifiesta José.

— Sí, es mi misión —le responde Loynaz.

— Me casaría si no tuviese que confesarme, porque yo no digo mis cosas a ningún cura español.

— Pero es necesario cumplir con la sociedad de San José, que tan buena disposición tiene para los cubanos —le contesta Loynaz, y prosigue—; tu hermano Antonio lo quiere.

El león oriental, como llamaban a José Maceo, al oír que Antonio lo quiere, al fin se aplaca.

— Yo me casaría, si se tratara de un cura bondadoso, que no me hiciera muchas preguntas, que no pasara de cosas sencillas.

Loynaz promete conseguir a un ministro de la religión que a ello se preste.

José, la novia y el embajador salen para San José a realizar el matrimonio. Todo parece marchar bien. Allí los espera Antonio.

El cura, que no había aceptado la proposición de Loynaz de prescindir de ciertas inquisiciones, comienza su labor. Pregunta a José de sus pecados y si ha matado alguna persona.

— ¡A mí, padre, que he luchado diez años por la independencia de mi país! ¿Cómo no he de haber matado, y hasta un cura?

— ¡Ah hermano! no puedo darle la absolución. Sólo Roma puede dársela.

José se enfurece ante el fracaso, habiéndose prestado al matrimonio, y le replica muy exaltado:

— El que va a Roma es usted y por esa ventana.

Intervienen Loynaz y Antonio, terminando el incidente, que malogró la unión religiosa con Elena Núñez, que así se llamaba la bella joven.

Por Antonio la ceremonia se transfiere. Al día siguiente, sin más trámites se lleva a efecto en su casa de Nicoya, apadrinando la boda, debido al cambio, en vez de Loynaz del Castillo, Juan Ferrera, pariente y amigo de José.

El Héroe se siente alborozado: se ha dado satisfacción a la sociedad de San José, y contradiciendo su costumbre invita al sacerdote, una vez efectuada la ceremonia a que tomara una copa, pero lo rehúsa, pues quiere alejarse lo más pronto del hombre que lo amenazó con tirarle por la ventana.

La muerte de su madre

Una nota dolorosa viene a conturbar el alma de Antonio Maceo; la muerte de su madre, en Kingston, el 28 de noviembre de 1893. Tenía al fallecer la edad de ochenta y cinco años, cuando apenas podía oírsele hablar de las cosas de Cuba Libre, con las ternuras de su corazón y encanto natural que produce lo que se amasó con tanta sangre, según palabras del hijo. Ante aquella pérdida, exclamó: «...tres veces en mi angustiada vida de revolucionario cubano, he sufrido las fuertes y tempestuosas emociones del dolor y la tristeza ¡Ah! ¡Qué tres cosas: mi padre, el Pacto del Zanjón y mi madre!»

De ella dijo que le honraba con su memoria de virtuosa matrona y confirmaba su deber de combatir por el ideal de su consagración divina en este mundo, que era la independencia de la patria.

Antonio Zambrana

Otro hecho lamentable le ocurre: su rompimiento con el doctor Antonio Zambrana, su abogado. La causa fue la siguiente: la colonia española de San José celebró el natalicio del Rey Alfonso XII con un gran banquete, al que asistió Zambrana, pronunciando un discurso. Esto mortificó a los patriotas todos, y particularmente a Maceo, que no sólo condenó el acto, sino que le retiró su poder al referido letrado. Con tal motivo entre los dos se cruzan cartas en que el tono es a veces duro, pero que sirven para destacar la intransigencia revolucionaria de Maceo, enemigo del confusionismo. Maceo le escribe: «Le estimaré dé por terminada la representación oficial que tiene usted de mis pequeños intereses en este país, circunstancia que espero que ponga fuera de duda pública mi decoro personal y la dignidad cubana, mancillada ésta por los tránsfugas de nuestra causa».

Zambrana le reposta, haciendo patente su separación desde hacía mucho tiempo de los procedimientos revolucionarios y su filiación autonomista. Le expone, entre otras consideraciones: «Usted piensa que obro mal siguiendo el camino que me dicta mi conciencia; pero ni usted es infalible, ni el patriotismo cubano es monopolio de persona alguna. Por lo demás, ya que usted lo desea, quedan rotas nuestras relaciones».

Maceo, que no deja sin réplica ninguna crítica o aseveración que pueda lesionar los intereses de la revolución, le contesta con su habitual orgullo patriótico: «Su conducta política justifica el juicio público que de usted se tiene en todas partes, no es necesaria su aseveración; basta lo dicho por gente desapasionada para convencerme de mi error. En cuanto al cumplimiento de deberes patrióticos, tengo la seguridad de ser infalible, y si para bien de mi patria me cupiera honra de monopolizar la dignidad y el patriotismo cubanos, no rehusaría el honor que usted rechaza».

Otro atentado contra su vida

Los enemigos de Maceo, en sus maquinaciones, no le pierden de vista. El hecho de que estuviera en la costa del Pacífico no había aquietado el temor que se sentía por su persona, cuyo gesto podía desencadenar la tormenta en la ínsula antillana. Un artículo ardoroso del Enrique Loynaz del Castillo titulado «Bandolerismo en Cuba», que vio la luz en *Prensa Libre*, precipitó el atentado que se tramaba en su contra, del que le salvó su clara estrella. La compañía dramática de Paulino Delgado ponía en escena en el Teatro Variedades la obra «Felipe Derblay», a la que Maceo concurrió con Loynaz del Castillo y varios amigos más.

Era el 10 de noviembre de 1894. Al salir del teatro un grupo de españoles lo atacó con disparos a quemarropa, que le alcanzaron por la espalda, cayendo al suelo. Loynaz valerosamente impidió que le remataran, pues al ver que uno de los agresores, de apellido Incera, por segunda vez iba a disparar, lo abatió de un certero balazo, salvando la vida del Héroe. De poca importancia física y moral consideró Maceo la herida que recibiera, no obstante su gravedad. No hizo uso de su revólver, por temor de hacer daño a las personas inocentes que cruzaban la calle, en los momentos del ataque, entre las cuales había muchas señoras, según sus palabras.

En este hecho se dispararon numerosos tiros, provocando tal pánico que el propio Presidente de la República salió de Palacio para conocer lo que ocurría, creyendo que se trataba de un levantamiento popular.

Maceo fue asistido por el Dr. Eduardo Uribe, por expresa indicación suya, no obstante que se había ofrecido el Dr Ulloa, Secretario de Gobernación. El Héroe no produjo ninguna queja por el dolor del sondeo de la herida a que fue sometido, y sólo le dijo al médico: «Doctor, no corte nada, deje la bala por donde andan muchas desde la guerra». A Puntarenas, en el litoral del Pacífico, se trasladó para tranquilamente curarse.

Los cubanos protestan del cobarde hecho; Zambrana, que había tenido un duelo epistolar con Maceo que diera término a la amistad de ambos, se sumó a la condena pública, con frases de enérgica repulsa. José Maceo que entrañablemente lo quería, dijo: «Si se muere mi hermano Antonio de esa herida, no dejo un español vivo en Costa Rica, empezando por el Cónsul». Los ánimos estaban enardecidos. La indignación de la colonia cubana era justa, pues el ataque a Maceo significaba, por la trascendencia del personaje, un golpe directo a la revolución.

Maceo, para suavizar el efecto del atentado y dar una cumplida satisfacción a una sociedad que lo había acogido con singular aprecio, dirigió al Presidente de la República, D. Rafael Iglesias, una carta ecuánime, hidalga y noble, en que le manifestaba sus disculpas más sentidas por haber sido actor, aunque involuntario, de esos tristes sucesos. Le expone: «Cualesquiera que sean las opiniones mías en los asuntos políticos de mi tierra, he respetado y respetaré la hospitalidad de este país, y he mantenido y espero mantener, cordiales relaciones con muchos miembros de la colonia española». Y termina solicitando que no se pidiera cuentas de la agresión, ya que la misma se debió a disculpables y transitorios apasionamientos.

Esta proyección armónica hizo aumentar la reacción política favorable a Maceo como representante de un pueblo que en lejanas tierras aguardaba la hora solemne de la liberación. La solución oficial del asunto fue la expulsión del Cónsul español y el alejamiento del país de Loynaz del Castillo, señalado por los españoles, como el matador del agresor de Maceo.

La conspiración tomaba fuerza, pues el mismo fracaso de la expedición de la Fernandina, para llevar la guerra a Cuba, con la pérdida de sus tres buques cargados de armas —Amadís, Lagonda y Baracoa—, confiscados por el gobierno norteamericano, si bien representó un golpe contundente al plan, puso en evidencia lo formidable del movimiento. Algunos cubanos se sintieron deprimidos por este fracaso que malograba un ingenuo sacrificio de la emigración; pero Maceo no perdió su ánimo optimista; bien dice Granda que es el único hombre lleno de fe impasible. Cuando los decaídos se lamentan de la pérdida, Maceo trata de quitarle importancia al hecho, y les dice: «Esas armas no estaban destinadas a la revolución cubana, sino al general Vázquez, ex presidente de Honduras, que en aquellos días trataba de derrocar al gobierno de su país». El Héroe, piadoso, ocultaba la verdad de la frustración de la aventura de los tres vapores que iban a Cuba a llevar las armas para el levantamiento. Un caso así, con el que pudiera servir a su patria, podía moverlo a no decir la cruda realidad de las cosas. Únicamente por la libertad de Cuba podía tener esas evasiones de la verdad.

Flor Crombet

Ya se había dado el grito de independencia en los campos de Cuba, y la sangre generosa fecundaba el suelo nativo. Martí había decidido que la expedición que había de traer a Maceo fuera organizada por Flor Crombet, lo que no le agradó. Era su propósito llevar una gran expedición para la que había comprometido a colombianos prestigiosos, hondureños amigos y venezolanos aguerridos, a fin de entrar en Oriente con bandera desplegada y marcha vencedora. Sabía, por experiencia, que un golpe de esta naturaleza era desconcertante y empañaba el prestigio español, y de efecto estimulante y hasta decisivo, pues una iniciación contundente de la guerra arrastraba a todo el pueblo. La expedición ordenada venía a malograr el proyecto del Héroe, que se sintió contrariado.

Máximo Gómez, conocedor de que Maceo no podía estar muy de acuerdo con la decisión de Martí, y que se pasase por su jerarquía dirigiendo la expedición Flor Crombet, le escribe a Maceo, expresándole: «Lo que avisa y comunica el cable en estos momentos, verdaderamente supremos, reviste carácter preciso y urgente, y es que hay humo de pólvora en Cuba y cae en aquellas tierras sangre de compañeros; no queda más remedio que salir por donde se pueda y como quiera. Resuelto usted, resuelto yo y resueltos todos los iniciados, todo cuanto queramos decirnos sería inútil y tardío en estos momentos de pura acción». Y le aconsejaba que no se aturdiera su osadía, y no olvidara la sensatez del viejo aforismo de denodado pero prudente guerrero: que se debe vivir gloriosamente para la patria antes de morir por la gloria.

El Héroe, que veía la humillación de los compatriotas indefensos en un medio de oprobio y suspiraba por los días en que el decoro ciudadano presidiera la comunidad libertadora, no podía ser tardo ni remiso al llamamiento de Cuba. Tuvo por vergüenza y baldón no luchar por la independencia, y como suplicio mayor que la propia esclavitud, la indiferencia ante el sufrimiento cubano. «¿Para qué queremos la vida sin el honor de saber morir por la patria?», fueron palabras suyas que reflejan su juicio ciudadano y su orientación pública. Por la irregularidad de la expedición, no podía desconocer su historia de sacrificio, ni su misión altruista, negando su decisivo concurso. No titubeó en venir a Cuba: le impulsaba su pasión libertadora, cumpliendo su mandato redentor.

RUMBO A CUBA.
ORIENTE CONMOVIDO

Salida de Puerto Limón

El día 25 de marzo de 1895, Antonio Maceo, su hermano José, Flor Crombet y otros patriotas hasta el número de veintitrés, llevando como cargamento bélico trece rifles, quince machetes y unos mil tiros, parten a Cuba, desde Puerto Limón. Maceo tiene una actitud meditabunda, añorando a su dulce compañera, que no se separa de su mente. José piensa en la lejana tierra oriental, teatro de sus inmortales hazañas. Flor Crombet, jubiloso y con ademanes libres, tan peculiares en él, se pasea por la población con sus armas, entre las que se destaca un reluciente machete.

En ese día se veían muchos españoles para despedir al Cónsul de su nación en San José, que había sido declarado persona non grata por su complicidad en el frustado asesinato de Maceo y por su incorrecta conducta con el Presidente de la República, en relación con dicho suceso. La prudencia de Maceo evitó que los españoles y cubanos chocaran.

La diplomacia española actuaba conminando al gobierno a que ordenara el internamiento de los revolucionarios. La simpatía de la causa de éstos y la influencia personal del Héroe, hicieron posible que no se adoptaran medidas extremas con los denunciados patriotas, pero hubo que acelerar el viaje.

A las seis de la tarde de ese día, el pueblo entusiasmado se aglomeró en el muelle para despedir a los expedicionarios. Al salir el buque, los pitos de la fábrica ensordecieron el espacio, confundiéndose con los toques de campanas de las iglesias. La diplomacia que no pudo impedir la partida, mucho menos podía ahogar estas expresiones de júbilo y aliento. Y el Adirondack salió con su valiosa carga de patriotas rumbo a Cuba.

Maceo, torturado por la crítica de muchos compatriotas, cuya incomprensión hería su pecho, tuvo esta expresión íntima con su esposa en carta que al partir le dirigió: «He pasado tantas amarguras, estoy pasando tantos disgustos y sinsabores, que tengo el alma llena de pena y tristeza, por los que tanta mezquindad anidan en su corazón, disfrazado siempre con pulimento de bondad». La granítica pureza del Héroe no podía tolerar la desconfianza que invalida ni la malquerencia que destruye. Como bueno que era quiso que todos lo fueran.

No cesa de escribirle a la esposa. Es su confidente, y en ella vierte sus alegrías y sus penas. Le dice en otra carta: «Tú que has pasado conmigo los horrores de aquella guerra homicida, sabes mejor que nadie cuánto vale el sacrificio de abandonarte por ella, cuánto importa el deber a los hombres honrados. El honor está por sobre todo. La primera vez luchamos juntos por la libertad; ahora es preciso que luche solo, haciéndolo por los dos. Si venzo, la gloria sera para ti».

Seguido de un buque español, el Adirondack en las primeras horas del día 27 entraba en Kingston. Por la denuncia de que lo hacían objeto, el capitán ordenó a los patriotas que bajaran a la bodega del barco mientras permanecía en el puerto. Después de dos horas y de haber dejado allí a la esposa de José Maceo, partió de Kinsgton, llegando dos días más tarde a la Isla Fortuna. El Vicecónsul norteamericano en aquel lugar, Mr. Farrington, amigo del capitán Sempson, del Adirondack, facilitó a los revolucionarios la goleta de su propiedad, de unas trece toneladas, llamada Honor, no sin antes felicitarles por su nobilísima aventura. Farrington los obsequió con un suculento banquete y entregó a Maceo una carta para el Cónsul de Haití en la Isla Inagua, al objeto de que prestara a los patriotas todo género de facilidades en su propósito de llegar a Cuba. En los momentos de izar la bandera cubana, dijo Sánchez Figueras: «Tenemos Fortuna y Honor; ahora nos falta Patria». El 30 de marzo a las cuatro de la tarde partió la goleta. En el trayecto fue sorprendida la embarcación por una fuerte tempestad. Los expedicionarios pasaron horas de inenarrable angustia; las olas parecían tragarse la leve nave, jugando la desatada furia del viento con la sencilla estructura, semejante al canto de uña, al decir de Martí. Al fin se hizo la calma, y después de navegar durante algunas horas en un mar apacible, se hallaban frente a Inagua, en la tarde del siguiente día. El viaje se había retrasado mucho, pues ya llevaban tres días en la goleta. De allí enfilan a Cuba. A poco de andar se veía la costa de la tierra amada. Maceo, ansioso, en pie, contemplaba el contorno accidentado del litoral cubano y las distantes alturas, y ya cerca de la costa ordenó echar dos botes al agua, pero éstos, por la rompiente, no pudieron llegar a la orilla. Ante esa imposibilidad, el Héroe, con decisión, mandó que se encallara la goleta. La embarcación, como atraída por la tierra esclavizada, parte veloz, quedando aprisionada en la costa, mientras la va deshaciendo el oleaje furioso con la visible contrariedad de los tres hombres de la tripulación. Ya están en tierra cubana. Era el primero de abril de 1895, a las cinco de la mañana. A poca distancia se destacó un buque español dedicado a la vigilancia del litoral.

En Cuba
Ninguno de los expedicionarios conocía el sitio donde habían desembarcado. Anduvieron sin orientación algunas horas por aquellos lugares y siguiendo la línea tortuosa de un trillo llegaron a un bohío.

Todos estaban mojados por la lluvia, con frío y cansancio. Allí encontraron al primer compatriota en tierra, quien les dio café para reanimarlos, manifestándoles que estaban en la desembocadura del río Duaba, cerca de Baracoa. En aquel bohío descansaron, mientras secaban las ropas. La tripulación de la goleta, para evitar contratiempos, conviene en presentarse a las autoridades españolas como náufragos de una embarcación, y en los momentos en que se disponían a efectuarlo, se le escapa a Patricio Corona, compañero de Maceo, un tiro del rifle que estaba componiendo, matando al Capitán de la goleta. Los otros dos tripulantes al presentarse acusaron a los expedicionarios de haberlos forzado a venir a Cuba. No obstante se les formó causa por piratería y asesinato, sufriendo prisión preventiva durante dieciocho meses en la cárcel de Santiago de Cuba, siendo después expulsados.

El mismo día tienen los cubanos el primer encuentro con fuerzas españolas, que sufren once bajas. El pequeño contingente sigue la marcha, destruyendo las líneas telefónicas y telegráficas. El propósito de Maceo es seguir a Guantánamo, a donde había enviado ya a su ayudante Emilio Giró, para que los revolucionarios estuvieran al tanto de su llegada. Se le llama la atención, por gente amiga, que por aquel lugar merodean guerrillas españolas, a lo que contesta: «...precisamente pasaremos por entre guerrilleros».

Los expedicionarios sufren todo género de privaciones, pues apenas pueden comer, caminando por tupidos montes. Un traidor que se les había unido, los delata, siendo acometidos por el enemigo, numeroso y en buenas condiciones físicas. Por todas partes llovían tiros. No tenían descanso. Sin poder satisfacer el hambre, y sedientos, tuvieron que esquivar el constante asedio de las renovadas fuerzas españolas. Apenas podían alimentarse con naranjas agrias, guayabas y caracoles. La extraordinaria resistencia de Maceo le permitía soportar tanta fatiga y privación.

Los guerrilleros españoles tienden una celada. Proveyeron de viandas y hortalizas una finca por donde habían de pasar Maceo y los suyos, para que éstos se detuvieran allí para satisfacer el hambre. En efecto, así ocurrió. Cuando los insurrectos estaban más entretenidos comiendo se les abalanzaron los guerrilleros. Sin tiempo para organizar la defensa, los cubanos abandonan precipitadamente la finca, acosados por el numeroso enemigo, teniendo que dividirse en tres grupos comandados por Maceo, Flor Y Cebreco. A los dos días moría Flor Crombet en una enconada acción.

Estaba Maceo en el abrupto territorio de Baracoa. Sintió el canto victorioso de un gallo y, por entre las malezas, vio una casa. A ella se encaminó, pero tuvo que ocultarse en un platanal por los fuertes aguaceros. Cuando cesó la lluvia, vio el Héroe que se aproximaba un hombre llevando un muchachito. Como Maceo sólo había visto enemigos, para él aquel hombre también lo era; pero va a su encuentro y le dice para desorientarlo:

—Somos indios que venimos perseguidos y queremos saber qué fuerzas españolas hay por aquí.

El hombre, que había reconocido a Maceo, le contesta:

—No, usted es Maceo. ¡Usted es mi hermano!

—Bien, estamos perdidos. ¿Dónde nos encontramos? —inquirió Maceo.

—En el poblado de Guayabal —contestó el desconocido.

Maceo quiere ir a la casa, pero el hombre se opone, manifestándole que los voluntarios lo persiguen, que están al tanto de todos sus movimientos y que han matado a Flor. Y se le ofreció para servirle de guía.

Se reúnen las fuerzas

El 18 de abril, en Vega Bellaca, distante unas dieciocho leguas de Santiago de Cuba, Maceo y sus compañeros se unen a las fuerzas cubanas allí concentradas. Su aparición produce un entusiasmo indescriptible; algunos, emocionados por la alegría, lloran. Los gritos de «¡Viva Cuba!» se suceden con ensordecedora intensidad. El regocijo era desbordante. Parecía que la presencia de Maceo los había transformado, infundiéndoles fe taumatúrgica.

Maceo, a pesar de tantas adversidades, se siente fuerte y confiado en la virtuosidad del esfuerzo cubano. Su idea es invadir las provincias occidentales, en un movimiento incontenible y fulminante que agite toda la isla, para dar el golpe decisivo al poder de España en las mismas puertas de La Habana. De ahí en adelante es el Maceo batallador, incansable, temerario, asombrando al mundo con sus estupendas cargas y sus legendarios ataques. Se dio a conocer como el jefe de las fuerzas de Oriente, evidenciando su condición de hombre acostumbrado a mandar, y dictó una orden autorizando a sus subalternos para fusilar, sin formación de causa, a todo emisario enemigo si no venía a tratar expresamente la independencia de Cuba.

Martí, Máximo Gómez y otros cuatro patriotas desembarcaron en Playitas, cerca de Guantánamo, el día 11 del mismo mes. Tan connotadas figuras en el campo rebelde venían a consolidar la insurrección. Por doquier se oía la exclamación: «¡Maceo está en Cuba!», indicio de la confianza que en él tenían los cubanos, como impulso sobrenatural que había de conducirlos a la victoria.

Cánovas del Castillo, que gobierna a España, cree que la Revolución puede desarmarla el general Arsenio Martínez Campos, usando de la habilidad que en la pasada guerra tan lisonjeros resultados le diera, aunque entonces le habían favorecido las divisiones de los rebeldes. Martínez Campos estimaba que los momentos eran otros, pues el espíritu público estaba decepcionado por las incumplidas mejoras, lo que hacía difícil que con promesas se acallara el ansia de emancipación, que necesariamente tendría que satisfacerse con soluciones concretas y de fondo, que el gobierno metropolitano no propugnaba. Por eso dijo a los senadores españoles cuando lo felicitaban por su nombramiento: «Tanto va el cántaro a la fuente...»

El día 16 de abril llegaba a Caimanera el general Martínez Campos. España enviaba también un ejército de unos cincuenta mil hombres, con todos los recursos de la guerra, para reforzar las fuerzas de la isla. Se trataba del ejército más poderoso mandado por Europa a América. Antes de entrar en arreglos políticos, para los que no existía ambiente propicio, creyó oportuno utilizar la táctica guerrera para infligir un golpe contundente a la comenzada insurrección y, principalmente, para derrotar a Maceo, cuyo prestigio era una amenaza para el gobierno colonial. Trató, pues, de encerrarlo en un círculo de bayonetas y cañones, para que el incendio revolucionario no se propagara.

No obstante Maceo veía aumentar sus fuerzas. Disponía en la provincia de seis mil hombres, y esperaba contar con otros tantos para el mes de mayo.

Martí, Maceo y Máximo Gómez

El día 5 de mayo se reúnen las tres figuras máximas de la revolución, Martí, Gómez y Maceo, en el ingenio La Mejorana, a unos veintidós kilómetros de Santiago de Cuba. La entrevista es trascendental. El manifiesto de Montecristi, suscripto por Martí y Gómez, como programa de la revolución, y dirigido al mundo, fue aceptado por Maceo. Después trataron del plan militar. Maceo propuso, para el más rápido éxito, la invasión de occidente como operación cardinal de la campaña, a fin de impedir que la guerra se localizara a Oriente y Camagüey, como en la guerra pasada, pues era necesario evitar una lucha prolongada sin perspectiva de triunfo. Maceo y Martí se producen por la inmediata operación invasora, pero, a instancia de Gómez se acordó que comenzara en el mes de octubre para dar tiempo a que la revolución se consolidara en Oriente y Camagüey. Maceo fue designado para la jefatura a indicación del propio Gómez.

En cuanto a la distribución de la alta dirigencia del movimiento, acordaron, por unanimidad, para Jefe Supremo, a José Martí; Gómez,

General en Jefe; y, Antonio Maceo, Jefe de Oriente. Maceo con la aprobación de Gómez, le dice a Martí que su puesto no estaba en Cuba, sino en el extranjero, donde podía organizar los recursos de la emigración, insistiendo que debía regresar a New York, a cuyo afecto el Dr. Castillo Duany le facilitaría la salida cómoda y segura por las minas de Jaragua. Martí, aunque aceptó el consejo, replicó que de inmediato no se marcharía de Cuba, y que haría el viaje más tarde, después que oyera, una o dos veces, el fuego enemigo.

Seguidamente tratan de la forma del gobierno. Martí tenía en la entrevista una situación un tanto embarazosa por su criterio civilista, frente a Gómez y Maceo. Por otra parte, a Maceo le era duro reconocer la máxima jefatura de Martí, que era tan celoso de su autoridad, mientras que la de Gómez le agradaba, por la probada complacencia de que siempre dio muestras hacia los Maceo. El incidente de la expedición de Costa Rica, que trajo Flor Crombet, contribuía a cierta esperanza, pues Maceo tenía el propósito de traer una expedición más amplia y por la costa sur, con la que se hubiera evitado su triste odisea. En consecuencia exteriosó su desagrado por este hecho. Una serie de causas contribuían, pues, a determinada acritud.

Se debate el criterio militarista y el civil, y la misma divergencia que separó a Martí de Gómez en el año de 1884, se reproduce con Maceo. Martí era partidario de un gobierno de forma representativa; Maceo mantenedor de una organización militar y centralizada durante la guerra. Es el choque del idealismo y la apremiante realidad. Los tres coinciden en que debe nombrarse antes de emprender la invasión. Maceo propone que lo integren cinco generales y un secretario que podrá ser civil, para entenderse éste con los centros revolucionarios del extranjero y la administración interior. No quería Maceo la intervención de los elementos civiles en las operaciones militares y ordenamiento del ejército, por lo que traía de entorpecimiento, creando una doble disciplina en plena lucha, la del gobierno y el ejército, con el consiguiente quebranto de la eficacia guerrera. Para la paz, después de la victoria, él aceptaba y defendía las consultas populares, pero era de opinión que en la guerra se necesitaban guerreros y para ello había que subordinar los hombres y las opiniones políticas acerca de la gobernación pública a esa preferencia indiscutible.

Allí defiende Maceo la conveniencia de un gobierno fuerte en la revolución, capaz de mantener una disciplina rígida, con facultades amplias y expeditivas, cuyo criterio sostenía también el general Gómez. Martí, por el contrario, aspira a que se implantase un gobierno de base popular, ya que creía ver en el porvenir una amenaza a las instituciones patrias en el militarismo triunfante con un pueblo entusiasmado, dejándose arrastrar por la objetiva grandeza de quienes aprecia como libertadores.

En esta oposición, Maceo es el hombre que por experiencia conoce que en la guerra hay que frenar y dirigir la compleja conducta humana con medios coercitivos, libre de toda cortapisa. Martí es la pureza del ideal que creyó podía irse aplicando en la propia manigua, a espaldas de las duras y agresivas realidades, a los efectos de una organización ampliamente democrática. Maceo posponía para después de la victoria, la implantación de tal estado. Martí se anticipaba, tratando de evitar antecedentes militaristas. Ambos, aunque con discrepancias, poseían la misma abnegación y sacrificio por la causa libertadora. Era, pues, una cuestión de opinión.

Después de la entrevista de La Mejorana, Maceo, para consolidar la guerra en la provincia de Oriente y también para que Gómez pasara a Camagüey, realiza una serie de ataques en la zona de Guantánamo, que admiran por su continuidad. No descuida nada: cruza y recruza toda la provincia para conmover y agitar hasta el último rincón, en un recorrido de unas doscientas leguas; y en una de sus acciones toma una imprenta, estableciendo el periódico *El Cubano Libre*.

Peralejo

Estaba en Vega del Tao, cuando a él llega un rumor de que el general Santocildes conduce un convoy de Manzanillo a Bayamo, y que a este lugar acaba de llegar el Capitán General Martínez Campos. Una vez que confirma el rumor, Maceo se dispone a desbaratar los planes del enemigo y, sin perder tiempo, ordena a las doce de la noche del 12 de julio de 1895 el toque de marcha a sus fuerzas. Al amanecer se hallaba en la sabana del Peralejo. El enemigo, creyendo que las posiciones de los cubanos eran desfavorables, ataca. El Héroe quiere aprovechar la ocasión para capturar la máxima figura española en

Cuba. Con una fuerte acometida divide a las fuerzas españolas y, de pronto, el corneta cubano anuncia la muerte de un general. Es Santocildes, que caía enfrentando a Maceo.

Los españoles se aturden, se desorganizan, sin que Martínez Campos, que se había hecho cargo del mando directo, pudiera devolver la perdida moral a sus soldados. A la infantería cubana, que había sostenido un intenso tiroteo, le faltan municiones en el momento más preciso y ante esta dificultad Maceo ordena que las tomen del enemigo. De los cadáveres españoles los insurrectos sacaban los cartuchos *Remington*, reanudándose el fuego. Seguidamente Maceo dispone varias cargas al machete y el enemigo se retira con Martínez Campos a la cabeza, bajo el peso de una derrota, a Bayamo. Allí permaneció encerrado ocho días, al cabo de los cuales salió bajo una fuerte custodia de más de cinco mil soldados.

Un insurrecto distinguido, el comandante Feria, le pregunta por dónde está Martínez Campos, a lo que contesta Maceo: «Lo tengo sitiado en Bayamo». Feria inquiere cómo es posible tal cosa, a lo que le replica: «Pues lo tengo sitiado con humo. Con algunas fogatas que he mandado a colocar alrededor del pueblo, ha sido suficiente para que el hombre no se atreva a sacar las narices».

Con esta victoria de Peralejo, el Héroe se siente más firme y animoso: ya no ve obstáculos a la invasión de la parte occidental de Cuba, pues la acometividad de los cubanos es magnífica, así como es vulnerable el enemigo.

Todo Oriente está removido por la ola revolucionaria. Casi a diario ataca a los soldados españoles. Para poder tomar pueblos grandes, reclamaba artillería. Recibe un aviso que le impresiona. Su hermano José se halla enfermo en San Ramón de las Yaguas, e imposibilitado de moverse lo va a atacar el coronel español Canellas con 900 hombres. Es el 30 de agosto.

Sao del Indio

La situación de su hermano, por el que siente gran cariño, es preocupación constante en su ánimo. Las dificultades que se crea José por su carácter rudo e independiente, es él quien las resuelve. José es un admirador de su hermano, cuyas hazañas le entusiasman más que las propias. Cuando la victoria de Peralejo, le escribe a su esposa: «Ya sabrás que Antonio, mi hermano, derrotó al general Martínez Campos; lo tuvo sitiado ocho días, le mató el caballo y se salvó por un práctico disfrazado». La identificación entre ellos palpita en estas líneas, en las que un hermano de valor extraordinario, con orgullo altivo, proclamaba como algo suyo las proezas del otro. Esta armonía sin sombras y sin rivalidades les compenetraba de tal modo, que la desgracia o el peligro de uno inquietaba al otro.

Ante el inminente peligro del hermano, que sólo contaba con una débil escolta, el Héroe se decide a salvarlo: dos pasiones nuevamente le guían, Cuba y el amor fraternal. Y ordena la marcha hacia el sitio en que se encontraba José Maceo postrado por una doble ciática. Esta marcha es célebre en la milicia cubana, a la que se tenía, y con razón, como la más andariega y fuerte del mundo. Toda la noche estuvo la fuerza marchando a paso forzado, y al amanecer llegó al campamento de San Ramón de las Yaguas, después de catorce horas de caminar continuo.

En el momento que el Héroe se disponía a organizar sus fuerzas, los españoles asaltaban el campamento de José, que con gran dificultad tomó un caballo, evitando que le hicieran prisionero. Maceo se da cuenta del peligro que corre su hermano y ataca inmediatamente. Hasta las seis de la mañana del día siguiente, cubanos y españoles no cesan de combatir encarnizadamente. A esa hora las fuerzas de ambos bandos toman el desayuno y, de inmediato, reanudan el combate. Maceo, con un doble fuego de izquierda a derecha, sorprende al enemigo, que retrocede, y aunque trata de rehacerse y avanzar, el centro de la columna flaquea totalmente en los instantes en que una bomba colocada en lugar estratégico hace notables estragos. Las fuerzas españolas huyen a Guantánamo, bajo la protección de los voluntarios de Yateras, al mando del celebre Garrido. La batalla duró treinta y seis horas, y se conoce en la Historia con el nombre de Sao del Indio. Las pérdidas del enemigo llegaron a trescientos cincuenta y las de los insurrectos a unas cuarenta. El hecho de socorrer al hermano en trance difícil, le dio la oportunidad de infligir uno de los golpes más fuertes al ejército español.

LA INVASIÓN

Asamblea de Jimaguayú.

Después de la celebración de la Asamblea de Jimaguayú, que dio forma legal y constitucional a la Revolución, con la designación de Salvador Cisneros Betancourt para Presidente de la República, de Máximo Gómez como Jefe Supremo, y de Antonio Maceo de Lugarteniente General, comienza éste a organizar las fuerzas invasoras. El 22 de octubre de 1895 sale de los Mangos de Baraguá con el gobierno presidido por Cisneros Betancourt.

De Oriente a Pinar del Río.

Las fuerzas con que emprende la famosa marcha suman alrededor de mil quinientos hombres, mal equipados y con unos quince mil tiros para toda la campaña, sin alimentos pero con fe en la causa. El 8 de noviembre pasaba triunfalmente el río Jobabo, límite natural entre Oriente y Camagüey. A los siete días, el ejército invasor acampa en la finca La Matilde. En este lugar el capitán Loynaz del Castillo, ayudante de campo de Maceo, escribió y compuso el HIMNO AL GENERAL MACEO, a quien se lo leyó y cantó. Maceo, agradecido, le pidió que le cambiara el nombre por el de HIMNO INVASOR, lo que así hizo su autor. Este himno fue el que sirvió para alegrar y electrizar la marcha.

Maceo atraviesa sin novedad toda la provincia de Camagüey y llega a Las Villas, donde le espera el general Máximo Gómez, para juntos dirigirse a Occidente, donde España ha colocado todos sus elementos de fuerza para contener al débil ejército criollo, que pese a todas las maniobras enemigas no retrocede. El ejército español contaba con un efectivo de cerca de ciento veinte mil hombres y, además, unos sesenta y tres mil voluntarios. La totalidad de los insurrectos cubanos no llegaba a veintiocho mil hombres. La desproporción era alarmante.

La Columna siguió su ruta, elevándose ahora a dos mil doscientos soldados; pero Maceo piensa aumentar ese número en el recorrido. El 5 de diciembre el gobierno se separa de la tropa mambisa, por avecinarse días de pruebas y luchas. Al hacerlo, en presencia de todo el ejército en perfecta formación, el presidente Cisneros Betancourt entrega a Maceo una bandera bordada por las camagüeyanas, pronunciando estas palabras: «Se la entrego para que flamee en lo más alto del cabo de San Antonio. Maceo le contesta: La llevaré tan lejos, y tan alto, como pueda sostenerla».

Mal Tiempo y Coliseo

El General en Jefe español cree descabellado que la invasión pueda llegar más allá, y confía en desbaratar fácilmente el proyecto de los generales Gómez y Maceo, que juntos combinan las operaciones a realizar en el triunfal empuje hacia el oeste de la isla. En Manicaragua, tres columnas españolas, que se oponen al avance cubano, son derrotadas. A los cuatro días, en Mal Tiempo, vuelve Martínez Campos a intentar detener la invasión, sufriendo otro revés. Allí quedó esculpida otra proeza en la que rivalizó el heroísmo del viejo Máximo Gómez y la bravura de Antonio Maceo. Los cubanos se apropiaron de unos trescientos rifles y diez mil tiros, lo que favoreció la continuación de la campaña.

Esta victoria abrió las puertas de la provincia de Matanzas. En Cienfuegos se hallaba Martínez Campos cuando la derrota de Mal Tiempo, y desde allí se trasladó a Matanzas, no sin antes decretar la censura de los cables extranjeros, por temor a los comentarios. En Coliseo, pequeño pueblo de esta provincia, se encontraron Martínez Campos y Maceo. Los españoles con dos mil quinientos hombres frente a Maceo que disponía de unos mil quinientos. La acción que tuvo lugar el 24 de diciembre, fue enconada aunque breve. A Maceo le matan su caballo. Martínez Campos abandona la lucha y se encamina a La Habana, por considerar conveniente dirigir las operaciones desde este lugar, como lo declaró a la prensa.

Después de Coliseo, Martínez Campos acumuló grandes contingentes a lo largo de los límites de la provincia de La Habana. Entonces Gómez y Maceo simulan retroceder y llegan hasta cerca de Cienfuegos, desde donde retornan, combatiendo en el poblado de Calimete, para entrar en la tierra habanera por el sur, rindiendo numerosos pueblos, con el consiguiente botín de armas y municiones. El mando español teme un ataque a la misma Capital, por lo que adopta las precauciones del caso, declarando el estado de sitio en las provincias de La Habana y Pinar del Río.

La Habana y Pinar del Río

El 7 de enero Gómez y Maceo dividen sus fuerzas, quedando el primero en la provincia de La Habana, mientras que el segundo continúa a Pinar del Río, para terminar la excursión invasora, con un ejército de mil quinientos hombres. Catorce mil soldados españoles siguen a Maceo, que atraviesa la región rindiendo pueblos, en los que es recibido con júbilo indescriptible. El 22 de enero de 1896 entraba en Mantua, el pueblo más occidental de la isla; y al día siguiente celebraba una sesión solemne en el Ayuntamiento, en la que hizo constar el acontecimiento histórico, que burlaba todos los planes de la dirigencia hispana, al realizarse la hazaña portentosa que no pudo cristalizar en la anterior guerra, pero que Maceo culminaba victoriosamente.

La invasión había recorrido 424 leguas en noventa días, venciendo o burlando, que es también una forma de vencer, a fuerzas enemigas muy superiores en hombres y equipos. Con las armas tomadas al contrario, se pudo aprovisionar la columna invasora, y en el empeño de llegar a Occidente nada abatió al cubano. El avance fue porfiado, sin mirar la escasez y los elementos desatados en su contra, salvando la Isla ante la admiración universal, para marcar la derrota de España.

La prensa universal le dio preferencia al hecho inmortal, con muy favorables juicios sobre Gómez y Maceo. Era opinión general que el fracaso del poder español de detener en el centro de la isla la invasión, significaba la derrota definitiva de España, pues la guerra se generalizaba, no dejando sitio que no estuviera en rebeldía, cuya unanimidad le sería imposible reducir. Con la invasión se había conseguido que la lucha contra la Metrópoli no se localizara en dos o tres provincias como en la insurrección del 68, sino en toda Cuba.

Otra virtud de la Invasión fue erradicar uno de los males más funestos de la contienda pasada: el localismo. Las fuerzas de Oriente, pasando a otras provincias en función libertadora, daban a conocer a todo el país, que la causa era una, y una toda la Isla, porque la emancipación que se procuraba no reconocía delimitaciones ni fragmentaciones. Por eso, ante la murmuración de algunos insurrectos, al cruzar por Las Campanas, de que «ya empiezan a caer orientales fuera de la provincia», Maceo, que oye esta expresión, se vuelve y replica: «Donde quiera que muera un cubano luchando por Cuba, muere con honor y merece la gloria».

Renuncia de Martínez Campos.

Martínez Campos, reconociendo su fracaso, renunció su alto cargo de Capitán General de Cuba y, al dejar la Isla el 20 de enero de 1896, impuesto de que eran muy contados los días de su patria en esta tierra como nación dominadora, exclamó: «¡Me llevo la bandera de España!» La frase fue visionaria.

Después, comienza Maceo la llamada Campaña de Occidente, la más ruda de la guerra, por haber acumulado España contra él la mayor parte de los recursos con que contaba. Combate Maceo en Pinar del Río, y después se bate en La Habana, y se extiende a Matanzas, cuya actividad fantástica sirve de recibimiento al general Valeriano Weyler, que una vez en Cuba puso en práctica sus planes exterminadores. En esta provincia, en El Galeón, se separan para siempre Gómez y Maceo. Los dos se abrazan, y Maceo le dice a Boza, Jefe del Estado Mayor de Gómez: «Cuide bien al viejo. ¡Nadie como él defiende nuestra bandera!»

Vuelve Maceo a Pinar del Río. En esta región se bate con sin igual denuedo, no dando tregua a sus tropas. Entre otras acciones, después de la muy importante de El Rubí, entabló las de Loma de Tapia, Las Pozas, Cacarajícara, Consolación del Sur, Diana, Los Arroyos, Tumbas de Estorino, Ceja del Negro y, por segunda vez, El Rubí; y el 3 de diciembre se bate en Bejarano.

En la acción de Consolación, que tuvo efecto el 23 de junio de 1896, Maceo es herido, y del suceso da cuenta jubilosamente a su esposa con estas palabras: «Ya con esta herida se me ha quitado la pena que tenía, estaba atormentado, porque casi todos mis principales compañeros están con una o dos heridas, y yo no tenía más que una en esta campaña; las dos me emparejan con el que más tiene. La primera fue leve, ésta me hizo un rajón». En este combate estuvo luchando unas setenta y seis horas consecutivas contra los generales españoles González y Suárez Molani.

Esta ardorosa campaña la hacía sin recibir municiones, teniendo que tomarlas del enemigo. Quería dar a España un golpe que fuera la derrota definitiva de su poder en la América, y al que él llamaba el Ayacucho Cubano. Otro se hubiera cansado de tanta dificultad, pero Maceo se crecía en las adversidades, porque su pasión libertadora tenía hondas raíces en su corazón. Estaba bajo el efecto doloroso de que la ausencia de cooperación lo tuviera atado a la roca de una impotencia injustificada a su patriotismo y talento. La falta de pertrechos y la debilidad del número de sus tropas le quitaban de la mano su propósito de abatir a la Metrópoli. Le mordía, pues, el pesar de que la falta de elementos materiales frustraban su señalado destino heroico.

Generalísimo Máximo Gómez:

Este dominicano que se ganó el honor de ser el jefe máximo del Ejército Libertador, tuvo a Maceo bajo sus ordenes desde 1870. Es Gómez quien enseña a Maceo el arte de la guerra, también a pelear con el machete. Maceo se identifica con Gómez plenamente. El reconocimiento de las hazañas del Titán de Bronce era para muchos preferencia de Gómez, cuando en realidad era leal premio al mérito de un hombre de un valor y disciplina extraordinarios.

EN SAN PEDRO MUERE
EL TITÁN DE BRONCE

Había diferencias entre el General en Jefe, Máximo Gómez y el Presidente de la República, Salvador Cisneros Betancourt, y para allanar esos distanciamientos, a fin de mantener la unidad cubana, Maceo determina dejar la provincia de Pinar del Río con ánimo reconciliador. El 6 de noviembre despacha un correo al coronel Baldomero Acosta, para que le tuviera preparado para el día 11 del ese mismo mes doce caballos en un punto convenido, para una familia que debía pasar a la provincia de La Habana. Como no puede hacerlo en esta fecha, ordena al propio Acosta a que espere a la familia los días 26, 27 y 28. Nuevas causas aplazan el cruce.

El día 2 de diciembre recibe una carta de Máximo Gómez, en que le insta a que haga acto de presencia en Las Villas y Camagüey, donde precisa de su acción militar y ciudadana. Maceo se decide a burlar la Trocha de Mariel a Majana, defendida por numerosas tropas españolas. El 3 de diciembre bajo un fuerte temporal exploró los lugares cercanos al eslabón militar. Veía perfectamente a Mariel y a intervalos de quince minutos los toques de atención de los cornetas españoles que rompían el silencio de la noche.

En un bote con cuatro más pasó la bahía, en un recorrido de doscientos cincuenta metros, sin que las fuerzas enemigas advirtieran el viaje, hecho bajo la sombra protectora de la noche. Para transportar a los otros compañeros de Maceo se hicieron tres viajes más. Del otro lado estaban ya Maceo, el general José Miró, el brigadier Pedro Díaz, el coronel Alberto Nodarse, los tenientes coroneles Manuel Piedra y Alfredo Jústiz, los capitanes Souvanell y Ramón Peñalver, los tenientes Francisco Gómez Toro y José Urbina y el médico Máximo Zertucha, pertenecientes al Estado Mayor; y el coronel norteamericano Charles Gordon, el capitán Ramón Ahumada, tres asistentes del general Maceo, llamados Benito Echevarría, Ricardo Echevarría y Juan Pérez; José Delgado, asistente del general Miró, y el asistente del general Díaz,

Andrés Cuervo. A las tres de la madrugada había terminado el traslado. Por el feliz acontecimiento, se daban cordiales apretones de mano y abrazos, como compañeros que se encuentran después de una prolongada ausencia. La Trocha estaba superada. Era el 4 de diciembre de 1896.

El mal tiempo no cesaba. Maceo se hallaba visiblemente indispuesto. La fatiga que tuvo que soportar caminando a pie por terrenos inundados de agua, se advertía por la depresión de ánimo. Su mal reumático se había exacerbado. La noche del 5 la pasó en La Merced. Estaba pensativo, pues una crisis febril y dolores de cabeza le aquejaban. Había tenido una pesadilla aquella noche, en la que todos sus seres queridos le llamaban, diciéndole: «¡Basta de lucha! ¡Basta de gloria!» El sueño le intrigó tanto que no cesó de hablar con Miró de su hermano José, de sus padres, de su esposa María.

Al día siguiente estaba más aliviado. Mandó por chocolate y pan a Mariel, y los repartió entre los allí reunidos. Después se encaminó a San Pedro, donde lo esperaba el coronel Silverio Sánchez Figueras con doscientos cincuenta hombres de caballería. A las 11 de la mañana del día 7 llegaba a este lugar. Tendió su hamaca y se recostó a descansar, colocando sus botas y zapatos junto a la candela para que se secaran. Dispuso toda la organización del servicio. A eso de la una almorzó. En la hamaca seguía conversando con Miró, a quien le manifestó: «Cuando lleguemos a Matanzas usted partirá a Camagüey con el hijo del general Gómez. Me temo que a ese muchacho le peguen un balazo el mejor día; ya lo han tocado y él es belicoso». Le replica Miró que él no quiere separarse.

Miró lee a Maceo unas cuartillas de su obra *La Campaña Invasora*, sobre el resumen de la magna operación. Maceo le interrumpe, diciéndole: «Usted se despacha aquí a su gusto. Por eso no le permito que publique su libro mientras dure la guerra, pues me descubre el plan empleado contra Martínez Campos y de ello se aprovecharían Weyler y los enemigos de mi compadre Martinete». Esto ocurría a las dos de la tarde. Estaba de lo más locuaz. En esos instantes sonaron algunos tiros. Seguidamente fuertes descargas. Una sorpresa del enemigo. Era la columna de Cirujeda. «¡El enemigo!» gritan varios cubanos. Maceo ordenó que le trajeran el caballo; se calza los zapatos y las botas, ayudado por Miró, quien le dice: «General los españoles han rebasado la guardia; las descargas suenan muy cerca».

La última batalla

Todas las fuerzas destacadas en San Pedro sumaban unos cuatrocientos hombres. Maceo con su Estado Mayor se coloca bajo una palma, a la derecha del campamento, lamentándose que por la sorpresa esté en una situación muy desventajosa, pues tiene que estar frente a una cerca donde se parapetan los españoles. Desde allí la infantería enemiga con afinada puntería disparaba, sirviendo de blanco Maceo con su caballo de gran alzada y su traje blanco, destacando su arrogante figura. Dispone una carga general y le ordena al general Díaz que empuje a la gente a la izquierda. Después de esto dijo: «Esto va bien», siendo sus últimas palabras, y apoyándose en el brazo de Miró se desplomó del caballo: una bala le había penetrado por encima del maxilar superior y otra por el vientre. ¡Estaba muerto!

Panchito Gómez Toro, desafiando las balas, intentó llevarse el cadáver, y a pesar de los consejos de Nodarse de que se alejara del peligro, cae mortalmente herido sobre Maceo, exclamando: «¡Ay, mi padre!» Se buscaron refuerzos para rescatar los cadáveres, pues algunos guerrilleros despojaron a los mismos de prendas, aunque no intentaron llevarse la documentación que guardaba en sus bolsillos Maceo, que fue recogida por Miró después. Al fin el enemigo se retiró. Los generales Díaz y Miró, el coronel Sánchez Figueras y Juan Delgado se hicieron cargo de los cadáveres, y tras un penoso viaje los enterraron en el lugar en el que hoy reposan, El Cacahual. El desplome de San Pedro produjo un efecto desastroso en los revolucionarios. Muchos creyeron que se había terminado la contienda, tal la fe que en Maceo tenían los insurrectos. Se había transformado en una figura legendaria, y su muerte parecía el eclipse de la propia revolución, porque el consentimiento popular había en él personificado la rebeldía invencible. Zertucha, que fue su médico no pudo resistir el abatimiento que en su ánimo causó la muerte, y el día 9 se presentó a las autoridades españolas, acogiéndose al indulto que para esos casos proporcionaba el gobierno.

Muerte del Titán de Bronce:

Maceo había llevado la invasión de Oriente a Occidente, misión que lucía imposible. Ya culminándola cae mortalmente herido. Panchito Gómez Toro, desafiando las balas, intentó llevarse el cadáver y, a pesar de los consejos de Nodarse de alejarse del peligro, es herido de muerte, cayendo sobre Maceo, mientras exclama: «¡Ay, mi padre!». Este cuadro titulado «Muerte del Lugarteniente General del Ejército Libertador, Antonio Maceo», es obra del pintor Armando Menocal.

LA PERSONALIDAD
DE MACEO

Maceo era de color trigueño oscuro, figura apuesta, estatura más bien alta, tórax amplio, cuerpo robusto —pesaba cuando murió doscientas nueve libras—, de salud que resistía el cansancio y las privaciones sin manifestar decaimiento físico, de andar firme, rostro de líneas precisas, cabeza erguida y de modelado perfecto, bigote y barba bien poblados.

Sus maneras eran reposadas, recordando las de su padre; pulcro en el vestir, y amante de los perfumes. En la guerra del 95, en que no quiso tener la barba que vemos en algunos retratos, se afeitaba diariamente, aún en los trances más embarazosos, y no omitía el pródigo baño, para él delicia y estímulo. Su limpieza corporal reflejaba la de su corazón. No obstante lo reposado del continente, era apasionado y vehemente, lo que hacía inconmovible el criterio trazado, y aunque en lo externo, a veces, no había exaltación, no por eso en la hondura subjetiva faltaba el cálido abrigo a la idea y a la determinación.

Enemigo del tabaco y las bebidas, sobre esta última cualidad decía su hermano José: «Antonio es un pinturero, le hace daño el tabaco como si fuera una damita romántica; si los españoles lo supieran, lo combatirían con cachimbas». En la conferencia de Los Mangos de Baraguá se quejó del humo constante de los cigarros del general Martínez Campos. La sobriedad de su vida mantuvo la plenitud de sus extraordinarias facultades hasta el último momento.

Su lenguaje era parco, correcto y respetuoso; sincero, sin ser hiriente. No usaba frases soeces, ni aún bajo la pasión de la ira. Tenía cierta tartamudez, que no se notaba por el hecho de que al hablar lo hacía autodominando las palabras, y se detenía para recobrar la posesión del lenguaje, cuando el entorpecimiento se presentaba. Comunicativo cuando la amistad lo permitía, pero sin exageraciones. Ni áspero ni lisonjero, sino caballeroso. Poseía una extraordinaria fuerza sugestiva. Prueba de ello es que los que iban al campo para asesinarle por precio, lo hacían en vano, pues o los conquistaba o desaparecían, según sus propias palabras. El carácter era abierto, a veces cándido en asuntos que requerían precaución y desconfianza, lo que evidenciaba un corazón que no supo jamás de la insinceridad. Por otra parte era un observador profundo, con vigoroso poder sugerente y una amplia visión de las cosas, a lo que se debía su rápida concepción de los planes guerreros y la gráfica y convencedora exposición de sus juicios sobre los problemas de gobierno.

Estaba predestinado a mandar, poseyendo la decisión del valor y la rectitud y el imperio de la lealtad, que infunde en los hombres el acatamiento soberano y el respeto a las determinaciones del dirigente natural. Amó sobre todas las cosas la gloria. Su voluntad no fue movida por placeres materiales, ni por el ansia del dinero, que en sus manos, como dijo Miró, fue cosa errante y efímera. Su pasión por la libertad de Cuba y de todos los hombres fue tan intensa, que excluyó los apetitos anormales de la codicia, despreciando la fortuna que el enemigo le ofreció muchas veces, por no traicionar su criterio y su grandeza.

Fatalista, creyó en su estrella, considerando que los hombres no podían torcer el rumbo de su vida, ni malograr la trascendencia de su cumplimiento heroico. Confiaba en que su existencia escapaba a los actos humanos, despreciando en el campo las balas, que las creía impotentes para destruir su providencial mandato. Como se había librado de atentados y heridas graves, se afirmó en su suerte. Si él no había triunfado sobre España, se debía, como había manifestado, a un superior eslabonamiento de las cosas y los hombres. Por eso había escrito ante la imposibilidad de un inmediato vencimiento: «...seguiré conformándome con mi destino de batallador sin grandes resultados».

Siempre opuso el interés de la Patria a todo interés individual. Conocedor de los hombres y del tiempo en que le tocó vivir, no quiso ambicionar el mando supremo. Se dedicó a luchar por la independencia con plétora de sacrificio, con impulso eficaz, libre de la renuncia impropia como dominado por el ansia insatisfecha.

Dos líneas psicológicas se destacan en su carácter: el orgullo y el optimismo. Su orgullo se derivaba de la confianza en la bondad de sus principios y la ejemplaridad de sus sentimientos, nunca empañados por la reserva ni por la ambición de posiciones cautivadoras. Tenía la convicción íntima de que su armadura moral era invulnerable y que la tentación por subyugante que fuera, no podía herir su firme desinterés. Se estimó ausente de todo odio y alejado de todo aprovechamiento, predestinado a ser ejemplo viviente de patriotismo ardoroso y de probidad inmaculada.

Tenía plena certidumbre de su valer, sin que la suficiencia le hinchara la expresión, ni la vanidad le agudizara la actitud; pero no ocultaba el alto concepto que tenía de su valor. Sabía que si algún prestigio tuviera y si algo valiera, no le fue concedido sino que lo ha conquistado con veinticinco años de servicios a la libertad de Cuba, cuyo árbol ha regado con su sangre muchas veces.

Su optimismo tenía una doble característica: creencia en el desinterés humano, lo que le produjo dolorosas decepciones, y fe arraigada en el vigor propio, de la que se derivaba su creencia en la capacidad del cubano para adquirir, por las armas, la liberación. La protesta de Baraguá es la culminación de ese optimismo: rechazó todo arreglo con el poder colonial, estimando que aún podía el pueblo cubano obtener su independencia. A esta confianza se debe su oposición a toda intervención de los Estados Unidos en el conflicto sostenido contra España, y por eso dijo que todo debemos fiarlo a nuestros esfuerzos; mejor es subir o caer sin ayuda ajena, que contraer peligrosas deudas de gratitud con un vecino poderoso. Este fue su pensamiento y su conducta. En todo instante, sin desfallecimiento, fue el sostenedor entusiasta de la independencia patria, que debía alcanzarse con medios propios y con la eficacia nativa, sin influencias extrañas y sin saldos de gratitud esclavizantes.

Maceo es el ejemplo más elevado de superación personal. El obscuro campesino, con escasa educación, que se movía en un medio cuajado de injusticias sociales y políticas, pertenecientes a una raza sin derechos, que supo del dolor de la desigualdad imperante, se elevó, por la sanidad de sus principios, su valor y la calidad de su talento, a la más alta cima de nuestra Historia.

De simple arriero llegó a la cumbre de la dirigencia revolucionaria, sin favores ni obsequios aupadores, sino que a ella fue por su indiscutible superioridad, no obstante la resistencia que algunas veces hallara por determinados prejuicios. Su grandeza radica en que se sobrepuso al medio; y en que su ascenso ingente y gradual tiene sabor de pueblo, porque es conquista batalladora y de genio.

Cumplió con justeza su mandato de Héroe, en su doble aspecto de fortaleza moral y de acción temeraria. Sin su proyección moral inmensurable, no sería el tipo culminante que la Historia señala, pues con tanto valor físico y épico, como él, había muchos en la guerra. A la talla de su carácter, sin depresiones, se debe su dominio histórico, como sostén de la Revolución, cuyos postulados supo traducir con su postura ante la claudicación y su palabra frente a la incertidumbre. De su virtud irreductible y de su culminación heroica arranca, pues, su dirigencia trascendente y edificadora.

Se le ha llamado por antonomasia el **Titán de Bronce**. La sabiduría popular ha impuesto fijación eterna a esta frase denominadora, que da la dimensión del personaje y la excelencia de su mulatez. Titán es el hijo mitológico del cielo y la tierra. Es el producto de la inspiración que viene de arriba y de la fuerza que surge de abajo. Realidad y sueño. Corazón y brazo. Ejemplo y acción. Combate que construye y oriente que alumbra: eso es ser Titán.

Su personalidad abarca esa unión milagrosa del genio que conduce y la potencia que crea. Su voluntad hercúlea de semidiós, de Titán auténtico, agitó la lucha de la que parecía tener el monopolio invicto, en el empeño de implantar el señorío de la justicia. No fue sólo el machete incansable y fabuloso, sino también el sembrador fructífero de hondas redenciones.

Al enfrentarse con la realidad de un mundo abrazado a males torturadores, utilizó su potencia invencible para destruirlos, haciéndose eco de las ansias generosas de una patria sin opresiones, que fuera rescate, salvación y amparo de todos, y en esas ideas fundamenta el contenido de la revolución. Por eso su heroicidad fue constructiva y fecunda, con vigilancia indeclinable, para revivir conciencias, para enaltecer hombres, para desterrar esclavitudes, porque poseía la exaltación de la justicia, que, con la libertad, fueron las dos grandes pasiones de su vida.

Vino de dos razas, acaso de tres. A esto se debe que se le califique de bronce y que sea, como esta aleación, macizo e impenetrable, para perdurar al través del tiempo y las mezquindades, como arquetipo extraordinario. Acaso ordenara el Destino, que es superior a los hombres, que esta figura cumbre fuera producto de blancos y negros, como enseñanza objetiva que vale más que la prédica abstracta, que por la unión se mejora y depura la mecánica social; y que en la simbólica confluencia de sentimientos e intereses, la vida común obtiene estabilidad garantizadora.

Y el Destino yendo más allá, en el hecho tangible, quiso que en la misteriosa comunión de la muerte se confundiera la sangre del inmortal mulato y la de su ayudante blanco, eternizando así que por el camino de la unidad se alcanza el objetivo de la gesta emancipadora: la República cordial, democrática y equitativa, con hombres libres y con instituciones fraternales. Practicando ese ejemplo se vive en una comunidad sin odios, sin barreras, sin injusticias, pues como él dijo, mientras quede una en pié, no habrá terminado su obra la Revolución Cubana.

Antonio Maceo Grajales

BIBLIOGRAFÍA

ARRATE, José Martín Féliz de: *Llave del Nuevo Mundo*, México, 1949, FCE.
CALCAGNO, Francisco: *Diccionario Biográfico Cubano*, New York, 1878, Imprenta y Librería de N. Ponce de León.
CASTELLANOS, Jorge: *24 de Febrero de 1895: un programa vigente*. Miami, 1995, Ediciones Universal.
COSTA, Octavio R.: *Antonio Maceo, el héroe*, Miami, Moderna Poesía, 1984
———. *Juan Gualberto Gómez, una vida sin sombra*, La Habana, Unidad, 1950.
———. *Imagen y trayectoria del cubano en la Historia*. Tomo I (1492-1902), Miami, 1994, Ediciones Universal.
CURNOW, Ena: *Manana, «detrás del Generalísimo» (Biografía de Bernarda Toro de Gómez)*, Miami, 1995, Ediciones Universal.
DUARTE OROPESA, José: *Historiología Cubana*. Tomo I, Miami, 1989, Ediciones Universal.
FERMOSELLE, Rafael: *The evolution of the Cuban military: 1492-1986*, Miami, 1987, Ediciones Universal.
FERRARA, Orestes: *Mis relaciones con Máximo Gómez*, Miami, 1987, Ediciones Universal.
FRANCO, José L.: *Antonio Maceo, apuntes para una historia de su vida*, La Habana, E. Ciencias Sociales, 1975.
GÓMEZ, Máximo: *Diario de Campaña del Mayor General Máximo Gómez*, La Habana, 1940, Comisión del Archivo de Máximo Gómez.
GUERRA, Ramiro: *Manual de Historia de Cuba*, Madrid, 1975, Ediciones R.
LOYNAZ DEL CASTILLO, Enrique: *Memorias de la Guerra*, La Habana, E. Ciencias Sociales, 1989.
MACEO VERDECIA, José: *Bayamo*. Miami, E. Cubana, 1997.
MAÑACH, Jorge: *Martí el Apóstol*, Madrid, 1998, Espasa Calpe.
MARQUEZ STERLING, Carlos. *Historia de Cuba*, New York, Las Americas P., 1969.
MASÓ, Calixto C.: *Historia de Cuba*, Miami, 1976, Ediciones Universal.
MIRÓ ARGENTER, José: *Cuba, Crónicas de la Guerra*, La Habana, 1942, Editorial Lex.
NAVARRO GARCÍA, Luis: *La Independencia de Cuba*, Madrid, Mapfre, 1991.
OTERO PIMENTEL, Capitán D. Luis: *Memoria sobre Los Voluntarios de la Isla de Cuba*, La Habana, 1876.
SANGUILY, Manuel: *Nobles Memorias*, Miami, 1982.

COLECCIÓN CUBA Y SUS JUECES
(libros de historia y política publicados por EDICIONES UNIVERSAL):

0359-6	CUBA EN 1830, Jorge J. Beato & Miguel F. Garrido
044-5	LA AGRICULTURA CUBANA (1934-1966), Oscar A. Echevarría Salvat
045-3	LA AYUDA CUBANA A LA LUCHA POR LA INDEPENDENCIA NORTEAMERICANA, Eduardo J. Tejera
046-1	CUBA Y LA CASA DE AUSTRIA, Nicasio Silverio Saínz
048-8	CUBA, CONCIENCIA Y REVOLUCIÓN, Luis Aguilar León
049-6	TRES VIDAS PARALELAS, Nicasio Silverio Saínz
051-8	RAÍCES DEL ALMA CUBANA, Florinda Alzaga
119-0	JALONES DE GLORIA MAMBISA, Juan J.E. Casasús
123-9	HISTORIA DEL PARTIDO COMUNISTA DE CUBA, Jorge García Montes y Antonio Alonso Avila
131-X	EN LA CUBA DE CASTRO (APUNTES DE UN TESTIGO), Nicasio Silverio Saínz
1336-2	ANTECEDENTES DESCONOCIDOS DEL 9 DE ABRIL, Ángel Aparicio Laurencio
136-0	EL CASO PADILLA: LITERATURA Y REVOLUCIÓN EN CUBA Lourdes Casal
139-5	JOAQUÍN ALBARRÁN, ENSAYO BIOGRÁFICO, Raoul García
157-3	VIAJANDO POR LA CUBA QUE FUE LIBRE, Josefina Inclán
165-4	VIDAS CUBANAS - CUBAN LIVES.- (2 vols.), José Ignacio Lasaga
205-7	VIGENCIA POLÍTICA Y LIT. DE MARTÍN MORÚA DELGADO, Aleyda T. Portuondo
205-7	CUBA, TODOS CULPABLES, Raul Acosta Rubio
207-3	MEMORIAS DE UN DESMEMORIADO-Leña para fuego hist. Cuba, José García Pedrosa
211-1	HOMENAJE A FÉLIX VARELA, Sociedad Cubana de Filosofía
212-X	EL OJO DEL CICLÓN, Carlos Alberto Montaner
220-0	ÍNDICE DE LOS DOCUMENTOS Y MANUSC. DELMONTINOS, Enildo García
240-5	AMÉRICA EN EL HORIZONTE. Una perspectiva cultural, Ernesto Ardura
243-X	LOS ESCLAVOS Y LA VIRGEN DEL COBRE, Leví Marrero
262-6	NOBLES MEMORIAS, Manuel Sanguily
274-X	JACQUES MARITAIN Y LA DEMOCRACIA CRISTIANA, José Ignacio Rasco
283-9	CUBA ENTRE DOS EXTREMOS, Alberto Muller
298-7	CRITICA AL PODER POLÍTICO, Carlos M. Méndez
293-6	HISTORIA DE LA ODONTOLOGÍA EN CUBA(4 vols: (1492-1983), César A. Mena
3122-0	RELIGIÓN Y POLÍTICA EN CUBA DEL SIGLO XIX, Miguel Figueroa
313-4	EL MANIFIESTO DEMÓCRATA, Carlos M. Méndez
314-2	UNA NOTA DE DERECHO PENAL, Eduardo de Acha
328-2	OCHO AÑOS DE LUCHA - MEMORIAS, Gerardo Machado y Morales
347-9	EL PADRE VARELA. (Biografía forjador de la conciencia cubana) Antonio Hernández-Travieso
353-3	LA GUERRA DE MARTÍ (La lucha de los cubanos por la independencia), Pedro Roig
361-4	EL MAGNETISMO DE JOSÉ MARTÍ, Fidel Aguirre
364-9	MARXISMO Y DERECHO, Eduardo de Acha
367-3	¿HACIA DONDE VAMOS? (Radiografía del presente cubano, Tulio Díaz Rivera
368-1	LAS PALMAS YA NO SON VERDES (Testimonios de la tragedia cubana), Juan Efe Noya
374-6	GRAU: ESTADISTA Y POLÍTICO (Cincuenta años de la Historia de Cuba), Antonio Lancís
376-2	CINCUENTA AÑOS DE PERIODISMO, Francisco Meluzá Otero
379-7	HISTORIA DE FAMILIAS CUBANAS (9 vols.), Francisco Xavier de Santa Cruz
383-5	CUBA: DESTINY AS CHOICE, Wifredo del Prado
387-8	UN AZUL DESESPERADO, Tula Martí

403-3	APUNTES PARA HISTORIA(Radio, televisón, farándula/ Cuba),Enrique Betancourt	
411-4	LOS ABUELOS: HISTORIA ORAL CUBANA, José B. Fernández	
413-0	ELEMENTOS DE HISTORIA DE CUBA, Rolando Espinosa	
414-9	SÍMBOLOS - FECHAS - BIOGRAFÍAS, Rolando Espinosa	
418-1	HECHOS Y LIGITIMIDADES CUBANAS. Un planteamiento Tulio Díaz Rivera	
425-4	A LA INGERENCIA EXTRAÑA LA VIRTUD DOMÉSTICA, Carlos Márquez Sterling	
426-2	BIOGRAFÍA DE UNA EMOCIÓN POPULAR: EL Dr. Grau, M. Hernández-Bauzá	
428-9	THE EVOLUTION OF THE CUBAN MILITARY (1492-1986), Rafael Fermoselle	
431-9	MIS RELACIONES CON MÁXIMO GÓMEZ, Orestes Ferrara	
437-8	HISTORIA DE MI VIDA, Agustín Castellanos	
443-2	EN POS DE LA DEMOCRACIA ECONÓMICA, Varios	
450-5	VARIACIONES EN TORNO A DIOS,TIEMPO,MUERTE y otros, Octavio R. Costa	
451-3	LA ULTIMA NOCHE QUE PASÉ CONTIGO (40 años de farándula cubana), Bobby Collazo	
458-0	CUBA: LITERATURA CLANDESTINA, José Carreño	
459-9	50 TESTIMONIOS URGENTES, José Carreño y otros	
461-0	HISPANIDAD Y CUBANIDAD, José Ignacio Rasco	
466-1	CUBAN LEADERSHIP AFTER CASTRO, Rafael Fermoselle	
479-3	HABLA EL CORONEL ORLANDO PIEDRA, Daniel Efraín Raimundo	
483-1	JOSÉ ANTONIO SACO , Anita Arroyo	
490-4	HISTORIOLOGÍA CUBANA /4 vols./ (1492-1980), José Duarte Oropesa	
502-1	MAS ALLÁ DE MIS FUERZAS, William Arbelo	
510-2	GENEALOGÍA, HERÁLDICA E HIST.DE NUESTRAS FAM. Fernando R. de Castro	
514-5	EL LEÓN DE SANTA RITA, Florencio García Cisneros	
516-1	EL PERFIL PASTORAL DE FÉLIX VARELA, Felipe J. Estévez	
518-8	CUBA Y SU DESTINO HISTÓRICO. Ernesto Ardura	
520-X	APUNTES DESDE EL DESTIERRO, Teresa Fernández Soneira	
524-2	OPERACIÓN ESTRELLA, Melvin Mañón	
532-3	MANUEL SANGUILY. HISTORIA DE UN CIUDADANO, Octavio R. Costa	
538-2	DESPUÉS DEL SILENCIO, Fray Miguel Angel Loredo	
551-X	¿QUIEN MANDA EN CUBA? Las estructuras de poder. La élite, Manuel Sánchez Pérez	
553-6	EL TRABAJADOR CUBANO EN EL ESTADO DE OBREROS Y CAMPESINOS, Efrén Córdova	
558-7	JOSÉ ANTONIO SACO Y LA CUBA DE HOY, Ángel Aparicio	
7886-3	MEMORIAS DE CUBA, Oscar de San Emilio	
566-8	SIN TIEMPO NI DISTANCIA, Isabel Rodríguez	
569-2	ELENA MEDEROS (Una mujer con perfil para la historia), María Luisa Guerrero	
577-3	ENRIQUE JOSÉ VARONA Y CUBA, José Sánchez Boudy	
586-2	SEIS DÍAS DE NOVIEMBRE, Byron Miguel	
588-9	CONVICTO, Francisco Navarrete	
589-7	DE EMBAJADORA A PRISIONERA POLÍTICA:Albertina O'Farrill, Víctor Pino Y.	
592-7	DOS FIGURAS CUBANAS Y UNA SOLA ACTITUD, Rosario Rexach	
598-6	II ANTOLOGÍA DE INSTANTÁNEAS, Octavio R. Costa	
600-1	DON PEPE MORA Y SU FAMILIA, Octavio R. Costa	
606-0	CRISIS DE LA ALTA CULTURA EN CUBA/INDAGACIÓN DEL CHOTEO, Jorge Mañach	
608-7	VIDA Y MILAGROS DE LA FARÁNDULA DE CUBA (4 v.), Rosendo Rosell	
617-6	EL PODER JUDICIAL EN CUBA, Vicente Viñuela	
620-6	TODOS SOMOS CULPABLES, Guillermo de Zéndegui	

621-4	LUCHA OBRERA DE CUBA, Efrén Naranjo
624-9	HISTORIA DE LA MEDICINA EN CUBA(2 v.), César A. Mena y Armando Cobelo
626-5	LA MÁSCARA Y EL MARAÑÓN (Identidad nacional cubana), Lucrecia Artalejo
639-7	EL HOMBRE MEDIO, Eduardo de Acha
645-1	FÉLIX VARELA: ANÁLISIS DE SUS IDEAS POLÍTICAS, Juan P. Esteve
647-8	REFLEXIONES SOBRE CUBA Y SU FUTURO, (2da.edc.), Luis Aguilar León
648-6	DEMOCRACIA INTEGRAL, Instituto de Solidaridad Cristiana
652-4	ANTIRREFLEXIONES, Juan Alborná-Salado
664-8	UN PASO AL FRENTE, Eduardo de Acha
676-1	EL CAIMÁN ANTE EL ESPEJO(ensayo de interpretación de lo cubano), Uva de Aragón
679-6	LOS SEIS GRANDES ERRORES DE MARTÍ, Daniel Román
680-X	¿POR QUÉ FRACASÓ LA DEMOCRACIA EN CUBA?, Luis Fernández-Caubí
682-6	IMAGEN Y TRAYECTORIA DEL CUBANO EN LA HISTORIA I (1492-1902), Octavio R. Costa
689-3	A CUBA LE TOCÓ PERDER, Justo Carrillo
690-7	CUBA Y SU CULTURA, Raúl M. Shelton
703-2	MÚSICA CUBANA: DEL AREYTO A LA NUEVA TROVA, Cristóbal Díaz Ayala
706-7	BLAS HERNÁNDEZ Y LA REVOLUCIÓN CUBANA DE 1933, Ángel Aparicio
713-X	DISIDENCIA, Ariel Hidalgo
715-6	MEMORIAS DE UN TAQUÍGRAFO, Angel V. Fernández
718-0	CUBA POR DENTRO (EL MININT), Juan Antonio Rodríguez Menier
719-9	DETRÁS DEL GENERALÍSIMO(Biografía Bernarda Toro de Gómez«Manana»), Ena Curnow
721-0	CUBA CANTA Y BAILA (Discografía cubana), Cristóbal Díaz Ayala
723-7	YO, EL MEJOR DE TODOS (Biografía no autorizada del Che Guevara), Roberto Luque Escalona
727-X	MEMORIAS DEL PRIMER CONGRESO PRESIDIO POLÍTICO CUBANO, M. Pozo
730-X	CUBA: JUSTICIA Y TERROR, Luis Fernández-Caubí
737-7	CHISTES DE CUBA, Arly
738-5	PLAYA GIRÓN: LA HISTORIA VERDADERA, Enrique Ros
740-7	CUBA: VIAJE AL PASADO, Roberto A. Solera
743-1	MARTA ABREU, UNA MUJER COMPRENDIDA Pánfilo D. Camacho
745-8	CUBA: ENTRE LA INDEPENDENCIA Y LA LIBERTAD, Armando P. Ribas
747-4	LA HONDA DE DAVID, Mario Llerena
752-0	24 DE FEBRERO DE 1895: UN PROGRAMA VIGENTE, Jorge Castellanos
756-3	LA SANGRE DE SANTA ÁGUEDA (Angiolillo/Betances/Cánovas), Frank Fernández
760-1	ASÍ ERA CUBA (Como hablábamos, snetíamos y actuábamos), Daniel Román
765-2	CLASE TRABAJADORA Y MOVIMIENTO SINDICAL EN CUBA / 2 vols.: 1819-1996), Efrén Córdova
768-7	LA INOCENCIA DE LOS BALSEROS, Eduardo de Acha
773-3	DE GIRÓN A LA CRISIS DE LOS COHETES: La segunda derrota, Enrique Ros
786-5	POR LA LIBERTAD DE CUBA (una historia inconclusa), Néstor Carbonell Cortina
792-X	CRONOLOGÍA MARTIANA, Delfín Rodríguez Silva
794-6	CUBA HOY (la lente muerte del castrismo), Carlos Alberto Montaner
795-4	LA LOCURA DE FIDEL CASTRO, Gustavo Adolfo Marín
796-2	MI INFANCIA EN CUBA: LO VISTO Y LO VIVIDO POR UNA NIÑA CUBANA DE DOCE AÑOS, Cosette Alves Carballosa
798-9	APUNTES SOBRE LA NACIONALIDAD CUBANA, Luis Fernández-Caubí
803-9	AMANECER. HISTORIAS DEL CLANDESTINAJE (La lucha de la resistencia contra Castro dentro de Cuba), Rafael A. Aguirre Rencurrell

804-7	EL CARÁCTER CUBANO, Calixto Masó y Vázquez
805-5	MODESTO M. MORA, M.D. LA GESTA DE UN MÉDICO, Octavio R. Costa
808-X	RAZÓN Y PASÍON (25 años de estudios cubanos), Instituto de Estudios Cubanos
814-4	AÑOS CRÍTICOS: Del camino de la acción al camino del entendimiento, Enrique Ros
823-3	JOSÉ VARELA ZEQUEIRA(1854-1939);SU OBRA CIENTÍFICO-LITERARIA, Beatriz Varela
828-4	BALSEROS: HISTORIA ORAL DEL ÉXODO CUBANO DEL '94/ORAL HISTORY OF THE CUBAN EXODUS OF '94, Felicia Guerra y Tamara Álvarez-Detrell
831-4	CONVERSANDO CON UN MÁRTIR CUBANO: CARLOS GONZÁLEZ VIDAL, Mario Pombo Matamoros
832-2	TODO TIENE SU TIEMPO, Luis Aguilar León
838-1	8-A: LA REALIDAD INVISIBLE, Orlando Jiménez-Leal
840-3	HISTORIA ÍNTIMA DE LA REVOLUCIÓN CUBANA, Ángel Pérez Vidal
848-9	PÁGINAS CUBANAS tomo I, Hortensia Ruiz del Vizo
851-2	APUNTES DOCUMENTADOS DE LA LUCHA POR LA LIBERTAD DE CUBA, Alberto Gutiérrez de la Solana
860-8	VIAJEROS EN CUBA (1800-1850), Otto Olivera
861-6	GOBIERNO DEL PUEBLO: Opción para un nuevo siglo, Gerardo E.Martínez-Solanas
862-4	UNA FAMILIA HABANERA, Eloísa Lezama Lima
866-7	NATUMALEZA CUBANA, Carlos Wotzkow
868-3	CUBANOS COMBATIENTES: peleando en distintos frentes, Enrique Ros
869-1	QUE LA PATRIA SE SIENTA ORGULLOSA (Memorias de una lucha sin fin), Waldo de Castroverde
870-5	EL CASO CEA: intelectuales e inquisodres en Cuba ¿Perestroika en la Isla?, Manurizio Giuliano
874-8	POR AMOR AL ARTE (Memorias de un teatrista cubano 1940-1970), Francisco Morín
875-6	HISTORIA DE CUBA, Calixto C. Masó Nueva edición al cuidado de Leonel de la Cuesta, ampliada con índices y cronología de la historia de Cuba hasta 1992.
876-4	CUBANOS DE DOS SIGLOS: XIX y XX. ENSAYISTAS y CRÍTICOS, Elio Alba Buffill
880-2	ANTONIO MACEO GRAJALES: EL TITÁN DE BRONCE, José Mármol
882-9	EN TORNO A LA CUBANÍA (estudios sobre la idiosincrasia cubana), Ana María Alvarado
886-1	ISLA SIN FIN (Contribución a la crítica del nacionalismo cubano), Rafael Rojas

www.ingramcontent.com/pod-product-compliance
Lightning Source LLC
Chambersburg PA
CBHW031253290426
44109CB00012B/562